글로벌 리더의 전략 모델
IDEA

김영광 지음

박영사

서론

이제는 글로벌이라는 단어가 매우 친숙하다. 주로 기업 활동에서만 쓰이던 글로벌이란 용어가 K-문화, K-스포츠 등의 표현을 통해 자연스럽게 사회 전반의 현상으로 받아들여지고 있다. 하지만 여전히 왜 글로벌 시장에 관심을 가져야 하는지에 대한 이해는 충분하지 않은 것 같다.

과거에는 사업이 내수를 중심으로 이루어지고 수출 형태의 제한적인 교역만 있었다. 그런데, 지금은 국경이라는 구분이 모호해질 정도로 경제활동 범위가 글로벌로 확장되어가고 있다. 왜 이런 현상이 일어나고 있는지를 간단히 살펴보자.

우선은 글로벌 소비 트렌드의 동조화 현상이다. SNS의 영향으로 세계 구석구석에서 일어나는 일들을 우리는 실시간으로 정보를 얻고 있다. 이런 현상은 바로 특정 제품이 글로벌 시장에서 동시에 수요가 발생할 수 있어서 기업에게는 커다란 기회일 수가 있다.

글로벌 시장에 관심을 가져야 하는 또 다른 이유는 경쟁력의 원천이 될 수 있는 글로벌 자원 확보 경쟁이 치열해졌다는 것이다. 예를 들면 전기차 배터리의 소재인 리튬의 희소성 가치가 올라가자 전 세계 리튬의 60% 매장량을 갖고 있는 칠레, 아르헨티나, 볼리비아 3국은 리튬판 OPEC을 구상하고 있다고 한다. 이러한 신 보호주의를 극복하기 위해서는 글로벌 현장에서 원자재 확보부터 생산 판매까지 제품 가치 사슬(value chain)의 구축이 필요하다. 글로벌 자원 확보 경쟁은 기업에게는 큰 위협일 수도 있지만, 자원을 확보할 수 있다면 차별적 경쟁력을 가질 수 있는 기회이기도 하다.

지금 세계는 정치 경제 사회적 리스크가 증가하고 있는 추세이다. 이슈는 한 지역의 어떤 리스크가 다른 지역에까지 영향을 미치는 리스크의 글로벌 동조화 현상이 발생한다는 것이다. 우크라이나 전쟁과 코로나 펜데믹, 그리고 세계 경제의 악화는 기존의 사업 방식을 완전히 바꾸어야 하는 상황이 되었다. 이러한 때 우리 기업의 사업전략을 글로벌 관점에서 새롭게 짤 수 있어야만 지속 가능한 성장 구조를 만들 수 있을 것이다.

Local과 Global 시장 脫境界化

- Global 소비 Trend의 동조화
- Global 자원 확보 경쟁 가열
- 정치 경제 사회적 리스크의 동조화

앞서 질문한 우리가 왜 글로벌 시장에 관심을 가져야 하는지를 한마디로 대답한다면 "Local 시장과 Global 시장의 脫境界化"라고 할 수가 있겠다. 한국 시장이 탈경계화 되어가는 예를 간단히 들어 보자.

한국 기업의 해외 진출은 놀라운 속도로 증가해 왔다. 그런데, 그에 못지않게 한국 시장의 글로벌화와 글로벌 기업의 국내 투자가 가속화되고 있다. 최근 2022년 기준 외국인의 국내 투자 신고 금액은 30조 원에 달하고 있다. 그 구성비를 보면 국가의 다양성뿐만 아니라 다양한 산업에서 외국 기업의 진출을 확인할 수 있다. 특히 투자의 27%는 국내 기업에 대한 M&A를 위한 것으로 확인되었다.

이런 지표를 본다면 글로벌 사업을 꼭 외국에서 하는 사업으로 볼 필요는 없다. 이제는 내수시장이 곧 글로벌 시장이라 생각하고, 글로벌 관점에서 사업전략을 구상하면 더 큰 통찰력과 사업 기회를 갖게 될 것이다.

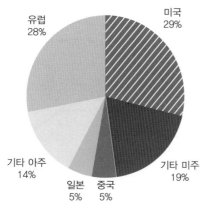

국가

미국 29%
기타 미주 19%
중국 5%
일본 5%
기타 아주 14%
유럽 28%

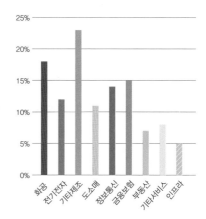

산업

항공 / 전기전자 / 기타제조 / 도소매 / 정보통신 / 금융보험 / 부동산 / 기타서비스 / 인프라

　　지금까지 살펴 본 바와 같이 기업의 글로벌화는 사업환경의 변화에 대응하기 위한 불가피한 선택이기도 하지만, 글로벌 메가 트렌드 속에서 지속 가능한 성장 기회를 찾기 위한 전략이라고 할 수 있겠다. 글로벌화의 영향으로 우리는 새로운 기회를 창출하고 국내의 시장 한계성을 극복하고 낮은 비용 구조로 규모의 경제를 추구할 수 있기 때문에 글로벌 사업에 진출하여야 하는 이유가 있다. 실제로 많은 기업들이 글로벌 사업을 통해 새로운 도전과 기회를 얻고 있다. 간단히 말하면 글로벌화를 통해서 국내의 시장 한계성을 극복하고 새로운 기회를 창출하자는 것이다.

　　그러나 세계의 경제상황과 해당 국가만의 특별하고 독특한 환경들은 글로벌 사업의 가장 어려운 도전과제라고 할 수 있다. 국내 기업이 글로벌 시장에서 성공하기 위해서는 내수시장에서 요구되는 전략과 역량과는 사뭇 다른 것을 요구하게 된다. 또한 조직의 구조와 관리 프로세스, 그리고 통제 시스템까지도 변화가 필요하다.

　　따라서 글로벌 사업에 대한 체계적인 의사결정 과정과 철저한 준비가 필요해졌다.

　　그러나 우리는 체험적으로 글로벌 사업을 추진한다는 것이 얼마나 어려운 도전과제인지를 알고 있다. 스위스의 IMD는 매년 각국의 경쟁력을 발표하고 있는데 한국의 국가 경쟁력은 20년, 21년 계속 23위 수준에 머무르고 있다. 외국에서 평가한 한국의 글로벌 경쟁력을 보더라도 아직 우리가 선진국으로 발돋움하기 위해서는 아직도 개선되어야 하는 부분이 많다. 특별히 한국 기업의 글로벌화가 가속화되면서 글로벌 경쟁력의 핵심인 글로벌 리더의 역량강화가 이루어 져야 한다는 의미이기도 하다. 이러한 필요성 때문에 "글로벌 리더의 전략 모델 IDEA"를 저술하게 되었다.

인구 2천만 명 이상 국가(27개국) 순위   전체 순위(63개국)

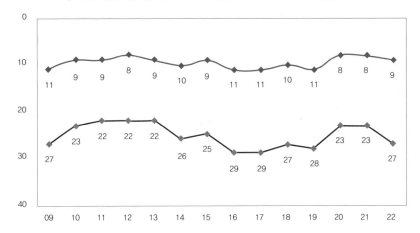

　본 저서는 다양한 사업 기회가 존재하는 글로벌 시장에 성공적으로 진입하기 위해서, 체계적으로 글로벌 전략을 세우고 그 실행 계획을 구체화하는 방법들을 익힐 수 있도록 기획되었다.

　IDEA 모델을 통해서 글로벌 과제를 수행해야 하는 모든 글로벌 리더들에게 꼭 필요한 경영 기법들을 익힐 수 있는 좋은 기회를 제공하고자 한다.

　마지막으로 이 책이 나오기까지 많은 도움을 주신 분들에게 감사를 전한다. 글로벌 전략 워크샵개발에 함께 참여해 주신 박성민 강사님과 SK mySUNI의 김종욱 팀장, 그리고 통찰력 있는 조언으로 책의 완성도를 높여준 정현천 교수께 특별한 감사를 드린다. 또한 격려와 조언을 아낌없이 주신 mySUNI의 표문수 총장님과 조돈현 사장님께도 감사를 드린다. 글로벌 리더의 경영 모델 PARS에 이어 두 번째 책까지 기꺼이 출판을 맡아주신 박영사에도 감사의 마음을 전한다.

　항상 곁에서 저자를 응원하여 준 가족들에게 깊이 감사하며 이 책을 바치고자 한다.

2023년 11월 저자

목차

Chapter 01

글로벌 전략 모델 IDEA 소개

기업이 지속 가능한 성장을 이루기 위하여서는 핵심사업에서 경쟁력 우위를 갖추어야 한다. 그런데, 경쟁력의 원천이라 할 수 있는 독보적인 제품력, 강력한 브랜드 파워, 시장 포지셔닝 등은 대부분의 경우 시간이 지나면서 힘을 잃어 가게 된다. 분석에 의하면 단지 9퍼센트에 불과한 기업들이 수익성 있는 지속적인 성장을 이루고 있다고 한다. 이러한 현상은 사업 환경의 변화와 경쟁 기술의 발전 속도가 점점 가속화 된다는 것을 의미한다.

이런 상황에서 기업의 가장 큰 관심사는 현재 경쟁력 우위를 갖게 하는 요소들을 어떻게 환경 변화 속에서도 계속 유지 해나갈 수 있느냐 하는 것이 될 것이다. 불확실성이 높아진 환경에서 미래를 예측하는 것은 점점 어려워져 간다. 노키아나 코닥의 사례처럼 글로벌 일류 기업에서 실패한 경우는 환경 변화 속에 경쟁력의 원천을 유지하지 못한 것이 근본적인 원인이라고 할 수가 있다. 반면에 혁신적 기업인 애플은 디자인, 성능 측면에서 지속적인 차별적 경쟁력을 유지하고 있음을 발견할 수가 있다.

지속 가능한 성장을 이룬 기업들을 분석해보면 환경 변화를 인식하고 새로운 제품을 테스트하여 그 피드백을 통해서 완벽한 제품을 출시하게 되는 최고 수준의 변화 적응 시스템이 존재하고 있음을 발견하게 된다. 이러한 변화 적응 시스템은 사업 환경의 변화 속도와 싱크가 되어 기업 전 조직이 참여해야만 한다.

변화 적응 시스템은 무엇보다도 핵심 사업의 차별적 경쟁력 유지에 집중을 하여야 한다. 예를 들어 픽사의 캐릭터 개발 역량, 이케아의 조립식 가구 디자인 역량, 도요타의 생산 시스템들을 들 수가 있다. 쉽게 말하면 전통적 역량에 AI와 디지털 기술의 옷을 입혀 업그레이드 된 경쟁력 원천을 만드는 것이다. 또한 변화 적응 시스템은 선순환 사이클이 되어야 한다. 그래야 기업 조직들이 자생력을 갖고 계속 진화 발전을 할 수가 있다. 효율적인 변화 적응 시스템을 구축하기 위해서는 변화에 대응하는 각 단계에서 과제를 다루는 프로세스와 분석 프레임이 명확하게 정의되어야만 한다.

변화 적응 시스템은 기업의 경영전략을 포함한다. 경영 전략은 기업의 경쟁력 원천이 변화에 적응해야 하는 것처럼 지속적으로 진화 발전을 해야만 한다. 개인의 지식과 경험에 의존하던 아날로그 시대에서 이제는 정보의 홍수라고 할 수 있는 디지털 시대를 맞고 있다. 디지털 기술을 활용하여 휴먼 에러를 최소화하는 것이 사업 현장의 과제가 되어있듯이, 경영 전략을 수립하는 과정도 변화 적응 시스템의 일부로서 명확히 정의된 프로세스와 프레임들이 있어야 한다.

본 저서는 경영 전략 모델 IDEA를 통해서 앞에 설명한 기업의 변화 적응을 위한 선순환 사이클 프레임워크를 제시하고자 한다. IDEA는 글로벌 전략을 수립하는 과정의 4단계를 의미하는 영어 단어의 첫 자를 조합한 이름이다.

- 경쟁적 포지션 정의(Identify Competitive Position)
- 차별화 전략의 수립(Differentiation Strategy)
- 글로벌 시장 진입 전략(Entry Strategy)
- 실행 계획의 구체화(Action Planning)

다음 장에서부터 각 단계별로 구체적인 설명을 할 것이므로 여기서는 간단히 IEDA 모델의 구조와 의미를 이해할 수 있도록 간단히 소개하려고 한다.

사업의 경쟁력은 크게 세 가지의 요소로 평가될 수 있다. 첫째로는 시장 요소 market factor로 정책 및 규제 환경과 경제, 사회, 기술, 경쟁 구도, 지원 산업, 성장률 등의 사업에 관한 환경적인 요인을 들 수가 있다. 둘째로는 회사 요소 company factor로 품질, 원가, 재무 역량, 노동 생산성, 조직 문화, 제품 라인업과 같은 기업 내부의 요인을 평가할 수가 있다. 셋째로는 회사가 시장에서 경쟁을 해서 성과로 나타나는 결과 지표로서 시장 점유율, 제품 가격, 수익성, 고객 충성도 등을 들 수가 있겠다.

이러한 세 가지 요소를 분석하는 데에는 다양한 경영 분석 기법들이 있다. 본 저서에서 다루게 될 경영 분석 기법들은 PEST, 5Forcess, BCG 매트릭스, GE 매트릭스, 품질 가격 매트릭스, 그리고 이런 분석틀을 결과를 종합하게 되는 SWOT 매트릭스 등이다. 이런 프레임워크 분석을 통해서 우리의 글로벌 사업 경쟁력 수준을 좀더 명확히 평가하고 글로벌 사업 전략을 효과적으로 수립할 수 있게 된다.

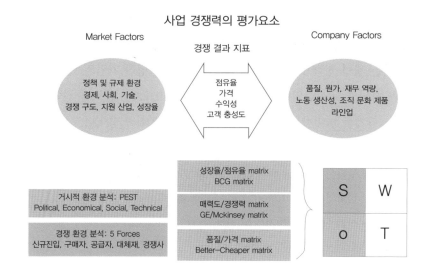

사업 경쟁력의 평가요소

경영 분석 프레임워크를 통해서 파악한 글로벌 사업의 경쟁력 수준은 결과적으로 우리 사업의 강·약점, 기회와 위협인 SWOT을 도출하게 되고, SWOT 전략 매트릭스를 활용하여 글로벌 경영 전략을 수립하게 된다. 이때는 STP 전략, 4P 전략 등에서 다루는 관점들을 적용할 수 있겠다.

이렇게 상호 연계된 경영 분석 및 전략 프레임워크로 경쟁력을 분석하는 과정에서 우리는 다음과 같은 질문에 초점을 맞추어 나갈 것이다.

- 글로벌 사업의 목적과 필요성은 무엇인가?
- 글로벌 어느 시장을 공략할 것인가? 어떤 제품 전략으로 경쟁할 것인가?
- 어떤 진입 전략과 실행 계획이 효과적인가?

글로벌 전략을 수립하는 과정은 이러한 질문에 대답을 찾아가는 과정이 되겠다.

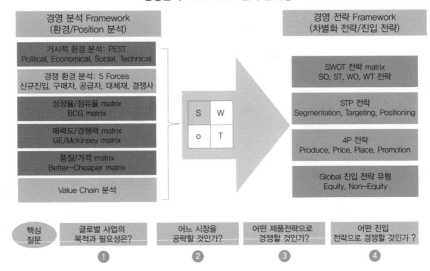

경영분석 Framework 간의 연계성

글로벌 시장 진입 전략 모델을 소개하면서 많은 성공적인 글로벌 기업이 추진하고 있는 진입 전략의 구조를 이해하고 그 모델을 활용할 수 있도록 안내할 것이다. 본 저서에서 소개하는 모델은 Pan & Tse 박사가 제시한 모델로 비 자산화 방법과 자산화 방법으로 구분하여 설명한 것이다. 다양한 진입 모델의 개념과 장단점을 설명하고 글로벌 기업들의 사례를 통해서 모델의 이해도를 높이고 현업에 적용 역량을 얻을 수 있도록 하였다. 독자들은 이를 통해 글로벌 전략을 가장 효과적으로 실행에 옮길 수 있는 글로벌 시장 진입의 모델을 확정하고 추진할 수 있는 통찰력을 얻을 수 있을 것이다.

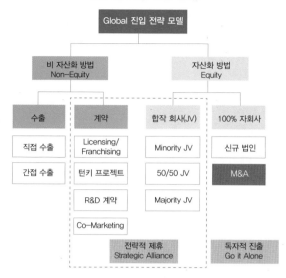

〈글로벌 시장 진입 전략〉

(출처: Pan, Y. and Tse, D.K. (2000) The Hierarchical Model of Market Entry Modes. Journal of International Business Studies)

기업이 전략을 아무리 잘 세워도 실행력이 뒤따르지 못하면 계획에서 끝나고 만다. 특별히 불확실성의 리스크가 높은 글로벌 전략을 성공적으로 수행하기 위해서는 전사가 총체적인 노력을 할 수 있도록 실행 계획을 세워야 한다. IDEA 모델의 실행 계획 파트에서는 국제 분업 가치 사슬 모델(Global Value Chain model), 과제 우선 순위 선정 모델 그리고 실행 지표 모델을 소개할 것이다. 이를 통해서 전사의 기능들이 담당할 역할을 구체화하고, 우선적으로 집중할 과제를 선정할 수 있다. 또한 과제의 실행과정을 모니터링하고 평가하여 실행력을 제고할 수 있을 것이다.

국제 분업 가치 사슬

원자재/부품	R&D 생산	마케팅	물류	고객서비스
Up stream		Mid stream		Down stream

과제 우선 순위 선정 모델

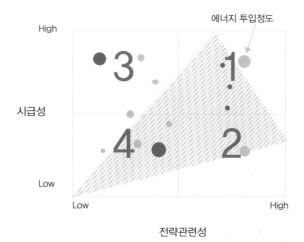

지금까지 설명한 내용을 간단히 요약을 하면, 지속 가능한 성장을 이루기 위하여서는 기업이 변화 적응 시스템을 내재화 해야 하고, 핵심적으로 경영 전략 수립의 선순환 사이클이 포함되어야 한다고 하였다. 그리고 이를 위해서는 경영 전략 수립의 프로세스와 프레임워크들이 잘 정의 되어야 한다고 했다. 글로벌 경영 전략모델 IDEA는 이런 목적을 위해서 디자인 되었다. IDEA의 4단계 과정과 경영 기법들을 통해서 독자들이 글로벌 전략 수립 과정을 이해하고 현업에 적용할 수 있는 역량을 갖출 수 있도록 하는 것이 목적이다.

Global 경쟁 전략 모델 IDEA

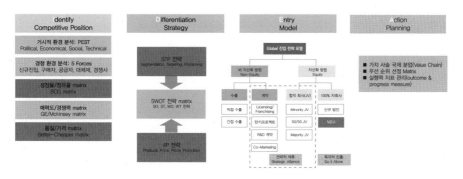

IDEA 모델을 간단히 설명하면 내·외부 환경 분석을 통해 글로벌 경쟁력의 위치를 SWOT으로 정리하고 이를 기초로 글로벌 시장에서의 차별화 전략을 세우고, 진입 전략을 선택하여 실행 계획을 세우게 되는 일련의 순환과정이다.

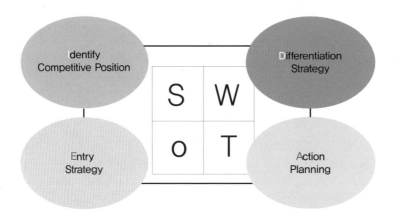

앞으로 여러분은 IDEA 모델을 다룬 4개의 챕터를 통해서 다양한 경영 분석과 전략 수립 프레임워크들을 효과적으로 연계하여 글로벌 사업 전략을 수립하는 큰 그림을 익히게 될 것이다.

각 챕터에서는 경영 분석 기법에 대해 간단하게 이론적 소개를 하고 글로벌 기업의 사례를 들어 이론을 이해할 수 있도록 하였다. 그리고 각 기법에 대해서 실습 사례를 제시하였고, 챕터를 종합적으로 다루는 실습 과제를 별도로 제공하였다. 책의 첨부 자료에 실습 사례에 대한 참고 자료와 여러분의 사례 검토 내용과 비교할 수 있는 사례 분석 결과를 예시로 제시하였다.

Chapter 02

경쟁적 포지션 정의
(Identify Competitive Position)

SK E&S의 글로벌 사업 전략

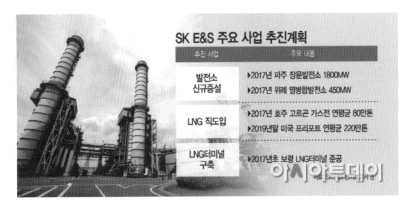

SK E&S 주요 사업 추진계획

추진 사업	주요 내용
발전소 신규증설	▶2017년 파주 장문발전소 1800MW ▶2017년 위례 열병합발전소 450MW
LNG 직도입	▶2017년 호주 고르곤 가스전 연평균 80만톤 ▶2019년말 미국 프리포트 연평균 220만톤
LNG터미널 구축	▶2017년초 보령 LNG터미널 준공

 Global 사업의 목적과 필요성

- 2010년 초 SK E&S의 사업 구조는 8개의 도시가스와 열병합발전소, 광양 LNG 발전소를 가지고 있었다. 그러나, 도시가스는 전국 평균 보급율이 75%, 도시 기준으로는 90% 이상 수준에 도달하여 추가 성장 기회가 적었고, 투자보수율에 따른 수익 구조로 수익성도 제한적이었다. 광양 LNG 가스 발전소는 직도입을 하고 있어 원가 경쟁력이 있었지만, 다른 모든 LNG 발전소들은 KOGAS의 수입 단가 기준 평균요금제가 적용되어 한전 전력 구매 단가 대비 발전 원가 경쟁력 확보가 어려워 성장성 수익성에 모두 한계가 있었다.
- SK E&S는 이러한 성장의 한계에 직면하여 지속 가능한 성장을 이루기 위한 미래 전

략 사업으로 액화 천연 가스 LNG(Liquefied natural gas) 사업을 선정하였다. 그러나 LNG 사업에 진입하기 위해서는 국내외의 규제 환경뿐만 아니라, 본질적으로 Global 사업인 LNG의 Value Chain에서 사업 입지를 확보해야만 하는 어려움과 이를 극복해야만 하는 도전이 있었다.

 ## Global LNG 사업 환경

- KOGAS의 독점적 수입 및 판매를 보장하는 국내의 규제 환경에서는 LNG 사업의 경쟁력을 갖기가 어려웠다. 규제의 예외로 대규모 자체 수요(Captive market) 공급을 위한 LNG 직도입은 허용하고 있었지만, 세계 최대의 LNG 구매자인 KOGAS 이외 기타 한국 LNG 구매자에 대한 판매자의 관심이 낮았다. 또한 높은 가격 및 엄격한 조건을 요구해서 (예: FOB, 도착지 변경 Cargo Diversion 불가) 실제 LNG 직도입을 성사시키기에는 매우 어려운 상황이었다.

- KOGAS 대비 LNG 수입 원가를 낮추기 위해서는 LNG 가치사슬(Value chain) 전체적으로 사업 교두보를 확보해야 가능하였다. 당시 한국 직 수입자의 가격 거래 조건은 유가 연동 DES 조건으로 유가가 상승할 경우 수입 LNG 가격 경쟁력이 KOGAS 대비 낮아도 도입할 수 밖에 없는 구조였다. 이를 타개하기 위해서는 가스 생산-액화-수송-기화를 하는 전체 LNG 가치 사슬을 내재화 하여야 원가 경쟁력 확보, 천연가스 원가 직접 통제, 시장가격에 따른 생산 증가/축소, 高價 시장 향 LNG 수출 등의 다양한 전략을 적용할 수가 있다.

- 한국 내에서는 가스 생산이 안 되고 KOGAS의 독점적 구조로 인해서 LNG 가치 사슬의 일부분 밖에는 참여할 수가 없었다. 그러므로 천연가스 생산-액화-수송 역량 확보를 위해서는 어쩔 수 없이 글로벌 시장에 진출해야 하는 상황이었다.

- 내수 시장의 내부 수요(captive market)를 확대해야 이를 기본 수요로 하여 LNG 가치 사슬의 규모의 경제를 만들어 갈 수가 있다. 당시 LNG 액화 설비 보유 업체는

최소 계약 단위를 20년간 최소 약 220만 톤/년 보장을 요구하였으며. 이는 당시 한국 전체 수요의 약 7%(전체 수요 3,181만 톤)에 해당하는 물량이며, LNG 발전소 기준으로 본다면 신규 발전 용량으로 약 2.4GW 보유 시 계약이 가능한 대규모 물량이었다.

- 당시 정부는 장기 에너지 기본계획상 2030년까지 석유의존도를 44%에서 33%로 축소하고 친환경 에너지인 천연가스 비중 확대 정책 확정을 하였다. 이러한 정부의 친환경 에너지 전환 정책으로 인해 국내 LNG 시장의 잠재적 성장성은 매우 높았다.

- 미국 쉐일 가스(Shale Gas) 생산의 급성장으로 천연가스 공급량이 늘어서 판매자 우세시장에서 구매자 우세시장으로 전환이 예상되었다. 2010년 미국 내 천연가스 생산량이 21.1% 폭증함에 따라 가격도 $8.9/MMBtu('08) → $2.4/MMBtu('10)으로 대폭 하락 추세에 있었다. 또한 늘어난 쉐일 가스를 수출하기 위하여 미국 내 쉐일 가스 액화/수출 프로젝트가 다수 등장하였다(Sabine Pass, Freeport, Cameron, Cove Point 등).

- 이러한 미국의 NG 공급량 증가에 따라 LNG 구매 계약도 장기 계약 물량 중심에서 현물시장(SPOT trading) 비중이 늘어날 것으로 전망되었고, 2010년 기준 현물/단기 거래 비중 약 19% 에서 이후에는 30% 이상 증대할 것으로 전망되었다.

- 중국 및 아시아의 LNG 시장 성장율이 매우 높으나 각국 정부의 정책적 규제가 매우 높은 상황이었다. 2010년 당시 LNG 수입국은 일본(71백만 톤), 한국(33백만 톤), 대만(11백만 톤) 중심이며, 중국과 인도는 각 9백만 톤 수준이나 국영 업체가 독점하고 있어 해외 업체는 시장 참여를 할 수가 없었다.

- LNG 공급계약은 20년 수준의 장기 계약이면서 반드시 구매 행위를 해야 하는 "Take or Pay" 조건이 계약 관행이다. 그러므로 LNG 구매자는 신뢰할 수 있는 철저한 재무 계획과 확실한 이행 조건 합의가 있어야 Global LNG 공급 시장에 진입할 수가 있다. 예를 들면, 20년간 연간 220만 톤 규모의 가스 액화 서비스를 계약 시에는 총 6~7조 달러 수준의 구매를 보증할 수준의 신용 및 매출 규모를 보유하고 있어야 계약이 가능하다.

- LNG 가치사슬의 기반 설비를 구축하는 데에도 상당한 투자가 필요하므로 자금 동원 역량이 매우 중요하다. 예를 들면, 연간 1백만 톤을 확보할 수 있는 지분만큼 가스전에 투자하려면 약 30~40억 불이 필요하며, 연간 4.4백만 톤의 액화 터미널에 투자하기 위해서는 40~50억 불이 필요하다. LNG 선박을 건조하는 데에도 1척당 2~3억 불 투자가 필요하다.

SK E&S의 Global 경쟁 전략

　SK E&S는 자체 LNG 사업 경쟁력 분석을 통하여 SWOT을 도출하고 이를 기초로 하여 다음과 같은 Global 경쟁 전략을 수립하였다.

- Global LNG 가치사슬 구축을 통해서 차별적 가격 경쟁력을 확보
- 미국에서 쉐일 가스전 및 액화 플랜트 참여 등으로 사업 교두보를 확보
- 중국 및 아시아, 남미 지역의 LNG 사업자들과 전략적 제휴를 통해 LNG 프로젝트 참여
- 국내외 내부 수요(Captive Market) 공급을 확대하여 LNG 사업 규모의 경제 확보
- Global LNG 메이저들과 안정적, 경제적인 LNG 공급 계약 체결
- 천연 가스 트레이딩 전문 법인 설립하여 SPOT 거래시장 참여 등 거래 물량 확대
- Global 프로젝트 파이낸싱 역량 확보
- Global LNG 사업 전문가 그룹 확보

 ## Global 경쟁 전략의 실행

　Global LNG value chain의 구축이라는 SK E&S의 Global 경쟁 전략을 실행에 옮기는 것은 그린필드(Green field) 투자와 진배없이 장애요인이 무수히 많은 과정 이었다. 수조 원에 이르는 투자를 장기 계획으로 추진한다는 의사결정을 내리고 흔들림 없이 추진하기 위하여서는 경영진의 확고한 의지와 추진력이 없으면 불가능하였을 것이다. 대규모 투자의 리스크 관리를 위해서 철저하게 장단기 Project 마일스톤에 따라 투자가 이루어졌다. Global 경쟁 전략을 실행에 옮긴 큰 줄기는 다음과 같다.

- 싱가폴 Trading 법인 설립: '11년 SK PRISM 설립 및 Trading 개시
- 호주 Conventional gas전 지분 참여
  '12년 바로사 칼티다 가스전 지분 37.5% 매입 및 탐사 개시, '21년 FID 결정
- GS와 보령 LNG 터미널 합작투자
  '13년 투자 계약 및 건설 개시, '17년 운영 개시, 현재 330만 톤/년 규모로 물량 확대
- 미국 쉐일 가스전 투자
  '14년 미 최대 독립적 E&P 업체인 Continental Resource와 JDA 체결 및 투자 개시

- LNG 선박은 직접 건조하여 현재 4척 운영 중
- 미국 LNG 액화 공장과 전략적 제휴

  '13년 계약 체결, '20년 운영 개시, 현재 220만 톤/년 물량을 수출 중
- 중국 LNG 터미널 전략적 제휴

  '20년 저우산 LNG 터미널의 10% 지분 확보 및 50만 톤 판매 권리 확보
- 중국 LNG 판매사와 전략적 제휴

  '20년 베이징 가스 자회사 지분 확보 및 저우산 LNG 터미날 도입 물량 판매
- 국내 LNG 발전소 신규 건설로 LNG captive 수요 확대

  기존 광양 이외 파주 LNG 복합, 위례/하남 열병합 발전소 운영 및 여주 LNG 복합발전소 건설 중

SK E&S는 이러한 글로벌 전략의 성공적 수행을 통해서 다음과 같은 성과를 이뤄냈다.

- 직접 가스 생산/액화/운송/기화/공급 가능한 Global LNG 가치 사슬Value Chain 구축
- 이를 통해 장기/안정적인 Global LNG 사업 운영 및 확대 기반 공고화
- Global Trading 물량을 5~6백만 톤까지 성장시켜 '10년 매출 3.6조 원, 영업이익 1천억 원 수준에서 '21년 매출 7.8조, 영업이익 6천억 원의 기업으로 성장
- 또한 미국, 중국, 싱가폴, 호주, 인도네시아, 남미 지역으로 사업 입지를 확보했으며, 내수 시장에서는 '20년 기준 민간 LNG 수입량의 34%를 차지

SK E&S가 향후 Global 일류 기업으로 도약하기 위한 도전적 과제로는 다음과 같다.

- 동남아, 남미, 유럽 등의 신규 수요처 확보 및 추가적인 LNG 공급 Source 확보를 통한 LNG 가치사슬의 확대
- 지구온난화에 대응한 LNG Value Chain의 친 환경성 강화
- 신재생, 수소 등 LNG와 사업적 선순환 구조를 구축할 수 있는 새로운 에너지 생태계로의 적시 전환 및 확대를 모색

본 장에서는 IDEA모델의 첫 단계인 "경쟁 포지션 정의" Identify competitive position 과정에서 활용할 수 있는 5가지 경영 분석 기법을 소개하고, 사례를 통해서 실제로 어떻게 현업에 적용될 수 있는 지를 살펴 보겠다.

먼저 경쟁적 포지션 분석을 하는 목적과 그 방법론에 대해 개괄적인 설명을 하고, 경쟁 포지션 분석의 기법들을 IDEA 모델의 틀 안에서 하나씩 살펴 보려고 한다.

경쟁 포지션이란

경쟁 포지션을 분석하는 목적은 기업 자신만의 고유한 장점과 성장에 대한 잠재적 장애요인을 파악하여 마케팅 및 비즈니스 전략을 강화하기 위한 것이다. 또한 이를 통해서 시장 변화에 대한 사후적 대응이 아닌 능동적인 사전 대응을 할 수가 있다. 대다수 기업들이 경쟁자와 시장 환경에 대한 선입견을 바탕으로 사업을 운영하지만 그러한 생각은 정확하지 않거나 경쟁에 뒤떨어질 수 있다.

경쟁 포지션 분석을 통해서 기업의 상대적인 시장 위치와 회사 경쟁사의 강점과 약점에 대한 정보를 얻을 수 있기 때문에 그에 따라 산업이나 시장에서 이를 활용한 전략 수립에 도움이 된다. 구체적으로는 차별화된 판매 포인트를 정의하고 시장 기회를 인식하여 비즈니스 목표 및 고객 요구에 맞는 포지션 전략을 수립하는 데 도움이 된다. 이렇게 경쟁 포지젼 분석이란 기업이 차별적 경쟁 전략을 세우기 위하여 수행하는 다양한 경영 분석 기법과 프로세스를 포괄하는 용어이다.

경쟁 포지션 분석은 일반적으로 다음과 같은 단계를 통해서 수행하게 된다.

첫 번째 단계는 경쟁사 파악으로 직·간접 경쟁자가 누구인지를 발견한다. 직접적인 경쟁자는 기업과 동일한 목표 시장에 유사한 제품이나 서비스를 제공하는 주체들이다. 간접 경쟁자는 서로 다른 제품이나 서비스를 제공하지만 기업과 동일한 고객 문제를 해결하거나 동일한 고객 요구를 충족시키는 경쟁자이다. 예를 들면 포도주 사업자와 막걸리 양조장은 둘 다 술을 판매하기 때문에 간접적 경쟁업체이다. 온라인 검색, 업계 보고서, 고객 피드백, 소셜 미디어 또는 입소문과 같은 다양한 소스를 사용하여 경쟁자를 찾을 수 있다. 분석을 위해 최소 3~5개의 경쟁사를 선택하는 것을 목표로 해야 한다.

두 번째 단계는 경쟁사 분석으로 경쟁사의 강점, 약점, 기회 및 위협(SWOT)을 분석한다. 이를 통해 자사 제품과 서비스의 가치 제안, 목표 시장, 차별화 및 광고 메시지를 정할 수가 있다. 데이터를 수집하고 구성하기 위해 경쟁사 웹사이트, 리뷰, 소셜 미디어, 설문 조사, 인터뷰 또는 벤치마킹과 같은 다양한 도구와 방법을 사용할 수 있다. 마케팅 믹스의 "4P" 측면에서 경쟁사를 분석하는 것이 유용하다.

- 제품: 품질 수준은 자사 대비 어떤가? 고객이 좋아하거나 싫어하는 기능은 무엇인가?
- 가격 책정: 제품 및 서비스의 가격은 어떻게 책정되는가? 채널 파트너와 고객에 따라 가격이 다른가? 그들의 할인 정책은 무엇인가? 비용 구조를 추정할 수 있는가?
- 장소: 자사와 비교할 때 경쟁사의 지리적 범위 또는 서비스 영역은 무엇인가?
- 판촉: 어떤 마케팅 전략을 통해 고객과 소통하는가? 소셜 미디어에서 경쟁사의 활동은?
- SNS에서 사람들의 반응과 리뷰는 자사와 비교 시 어떤가?

경쟁사를 분석할 때 가치 제안에 집중하여 고객에게 어떤 이점과 솔루션을 제공하는지 확인을 해야 한다. 또한 목표 고객의 인구 통계, 심리 통계, 행동 및 요구 사항을 파악한다. 또한 경쟁사와 차별화 하기 위하여 기업의 고유한 경쟁 요소를 파악한다. 마지막으로 기업의 마케팅 메시지를 분석하여 제품과 브랜드 특징을 어떻게 전달하는지 확인한다.

세 번째 단계는 브랜드 비교로 경쟁사 제품 비교 분석한 것과 동일한 방식으로 브랜드를 경쟁사와 비교하는 것이다. 이는 기업의 강점, 약점, 기회 및 위협(SWOT) 뿐만 아니라 경쟁사와의 동질성과 차이점을 식별하는 데 도움이 될 것이다. 이를 위해 다음과 같은 질문은 매우 유용하다.

- 우리 기업의 가치 제안이 경쟁사와 다른가?
- 어떤 방식으로 광고 메시지가 전달되는가? 어떤 경로? 메시지의 특징은?
- 목표 시장이 일반 시장과 어떻게 다른가?
- 다른 경쟁사와 우리 기업은 어떻게 차별화하는가?

네 번째 단계는 제품 포지션 정의를 하는 것으로 분석의 결과를 하나의 문장으로 표현하는 것이다. 이러한 포지션 정의는 목표 시장에서 우리 브랜드가 인식되기를 원하는 이미지를 간결하고 명확하게 하는 것이다. 포지션 정의는 다음의 항목을 포함하는 것이 좋다.

- 브랜드 이름
- 제품과 서비스가 주는 혜택
- 적정한 고객 목표 시장

예를 들어, Amazon의 자회사인 온라인 쇼핑 업체 Zappos의 포지션 정의는 다음과 같이 만들 수가 있다. "Zappos는 무료 배송, 무료 반품 및 365일 반품 정책을 제공하기 때문에 바쁜 전문가를 위한 온라인 신발 매장이다."

마지막 단계는 위에서 정의한 포지션을 목표 시장의 고객 및 이해 관계자와 함께 테스트하고 피드백을 받아 수정하는 것이다. 이렇게 하면 가정을 검증하여 제품 포지션 전략을 강화하는 데 도움이 된다. 테스트 방법은 설문 조사, 인터뷰, 포커스 그룹 실험을 하는 방법들이 있다. 이때 다음과 같은 질문을 하는 것이 중요하다.

- 포지션 정의가 명확하고 목표 시장과 일치하는가?
- 경쟁사와 차별화되고 효과가 지속될 수 있는가?
- 제품 포트폴리오의 이미지는 전체적으로 일관성 있고 추구하는 가치와 일치하는가?

이와 같은 테스트를 통해 얻은 결과 및 통찰력을 기반으로 포지션 정의를 수정하거나 개선할 수가 있다.

IDEA 모델과 경쟁 포지션 분석 기법

경쟁적 포지션 분석은 회사가 현재의 경쟁적 위치와 관련하여 전략적 계획을 세우기 위하여 수행된다. 전략적 계획이라 함은 시장에서의 우위를 유지하거나 개선을 시도하거나 시장에서 철수하는 것일 수 있다. 분석은 시장 점유율, 제품 및 서비스에 대한 고객의 인식, 현재 마케팅 전략, 가격 및 비용을 평가한다. 또한 경쟁 포지션 분석은 가치 제안, 목표 시장, 차별화 및 메시지 측면에서 기업의 브랜드가 경쟁사와 어떻게 비교되는지 판별하고 평가하는 프로세스이다.

IDEA 모델에서 활용하는 5가지 경영 분석 기법은 앞에서 설명한 경쟁력 포지션 분석 5가지 단계의 일반적 방법을 체계화한 것이다. 5가지 기법은 독립적이면서도 상호 보완적인 효과가 있어서 다양한 관점에서 분석을 할 수가 있다. 자사가 속해 있는 산업에 따라서 어느 특정의 경영 분석 기법이 더 잘 적용될 수도 있다.

5가지 기법을 활용하면 아래 도표와 같이 IDEA 모델의 첫 번째 단계인 경쟁 포지션을 파악하고 기업의 SWOT(Strength, Weakness, Opportunity, Threat)을 구체적으로 분석할 수가 있다. 이 단계에서 발견된 SWOT은 다음 단계인 차별화 전략을 수립하는 데 중요한 통찰력을 제시해 줄 것이다. 그러면, 5가지 기법을 순차적으로 살펴 보겠다.

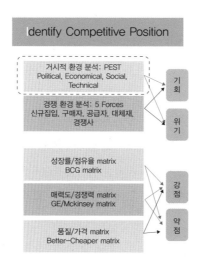

PEST 분석

PEST 분석은 글로벌 전략을 수립할 때 진입하고자 하는 국가와 시장의 거시적 환경을 이해하는데 도움이 되는 도구이다. PEST는 정치적 요소 Political Factor, 경제 요소 Economic factor, 사회 문화적 요소 Sociocultural factor, 기술 요소 Technical factor의 첫 글자를 딴 것이다. 정치적 환경, 특별히 규제 환경이 기업의 비즈니스에 어떠한 영향을 미치는지 확인하는 것은 매우 중요하다. 또한, 국가의 경제적 상태와 전망을 이해하는 것은 시장의 성장 가능성을 파악하는데 도움이 된다. 진입하고자 하는 시장의 사회와 문화적 특성을 이해하면 시장 접근 전략을 수립하는 데 유용하다. 국가의 기술 수준 분석을 통해서 우리 제품의 기술 경쟁력의 수준을 가늠

할 수 있게 된다.

최근에는 PEST에 환경 Environment, 법규 Legal 측면을 추가하여 PESTEL 모델이라고도 하는 데 본 저서에서는 사업적 측면에 집중하기 위하여 PEST 중심으로 분석을 한다.

우리 기업들이 중국 시장에 진입하였다가 실패한 이유들을 분석해 보면 PEST 분석으로 충분히 예견할 수 있었던 리스크들을 제대로 대응하지 못한 사례를 볼 수가 있다. 이마트는 한국에서의 성공 강점들을 활용하여 중국 시장에 진입하였으나, 사회 문화적 요소에 대한 대비가 부족하였다. 지역 상권 및 현지 스태프과 갈등도 있었고 무엇보다도 중국 시장에 적응하는 현지화를 제대로 수행 못한 것이 실패 요인으로 지적되고 있다. 아모레 퍼시픽의 경우에는 초기에는 성공적인 시장 진입으로 기업 가치가 크게 상승하였으나 한국과 중국 간의 정치적 갈등으로 인해 사업이 위축되고 시장 점유율을 상실하는 위기를 맞게 되었다.

이와 같이 PEST 분석은 진출하고자 하는 글로벌 시장에서의 정치적, 경제적, 사회적, 기술적 환경요인을 분석하고 사업 전략을 수립하기 위한 SWOT의 요소를 발견해 내는 것이다. 이러한 분석을 통해서 기업은 올바른 전략적 결정을 내릴 수 있게 될 것이다.

SK E&S 사례

PEST분석의 이해를 돕기 위해 본 장의 서두에 제시된 SK E&S의 사례를 살펴 보자. SK E&S는 1999년 도시가스 사업 지주회사로 출범하여 현재 LNG, 전력, 집 단에너지, 신재생에너지, 수소 그리고 해외 에너지 사업까지 영역을 확장하여 수행 하는 에너지 전문 기업이다.

SK E&S는 지속 가능한 성장을 이루기 위한 미래 전략 사업으로 LNG 사업을 선정하였다. 그러나 LNG 사업에 진입하기 위해서는 국내외의 규제 환경뿐만 아니 라, 본질적으로 Global 사업인 LNG의 가치 사슬(Value Chain)에서 사업 입지를 확보 해야만 하는 어려움과 이를 극복해야만 하는 도전이었다.

국내 LNG 발전 수요를 기반으로 하여 LNG 사업을 핵심전략 사업으로 선정 한 SK E&S는 글로벌 LNG 사업에 도전해 결과적으로 민간기업 최초/최대 규모로 LNG 가치 사슬(Value Chain)을 완성해 냈다. 2010년 매출 3.6조 원, 영업이익 1천억 원 수준에서, 11년 뒤엔 2021년에는 매출 7.8조, 영업이익 6천억 원의 수익을 올렸 다. 또한, LNG Global Trading 물량을 5~6백만 톤까지 성장시켜 또한 미국, 중국, 싱가폴, 호주, 인도네시아, 남미 지역으로 사업 입지를 확보하였다.

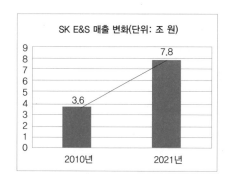

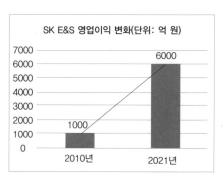

SK E&S가 이렇게 글로벌 시장에서 성공을 거두게 되기까지 어떤 전략을 수립 하고 실행 하였을까? 특히 글로벌 시장에서의 진입 전략은 무엇이었을까?

본 저서에서는 IDEA 모델을 통해서 SK E&S의 주요 경쟁 전략을 분석해 볼 것 이다. 우선 이번 장에서는 PEST 분석을 적용하여 보겠다. SK E&S의 거시적 환경 인 PEST 요인은 아래와 같이 분석이 되었다.

먼저 정치적 요인을 살펴보면, 국내 규제에 따라 LNG 민간 수입의 제한으로 대규모 자가소비용으로만 LNG 수입 가능했다. 또한 중국, 아시아 지역에서는 각국 정부도 정책적으로 LNG 사업을 규제하여 국영기업이 독과점적 지위를 갖고 있는 상황을 확인할 수 있다.

그러나, 이러한 국내외 규제 환경이 오히려 SK E&S가 생존하기 위해서 Global 시장으로 진입할 수 밖에 없도록 만들었다. 그래서 규제 환경이 글로벌 전략을 가속화시키는 방아쇠 역할을 했다고 볼 수 있겠다. 이것은 내수 시장에서 독과점적 시장 지위에 있는 대기업들이 내수시장의 꿀단지에 빠져있는 바람에 글로벌 사업 기회를 놓친 것과 비교하면, 매우 도전적이고 혁신적인 사업 전략이었다고 할 수가 있겠다.

PEST 분석의 두 번째 경제적 요인을 SK E&S 사례에서 살펴보자.

기존 전통적 계약에서는 유가에 연동한 LNG가격을 책정했었는데, 쉐일 가스 개발 이후에 미국은 천연가스 가격(Henry Hub)에 연동하는 가격 구조를 도입하고 시장 확대를 모색하였다. 그 결과, 단기 트레이딩 시장 비중이 증가하고 판매자 Seller 마켓에서 구매자 Buyer 마켓으로 변화하는 모멘텀이 생겼다. 이런 상황은 신규 진입하는 SK E&S 입장에서는 시장 진입 기회가 더 넓혀지게 되었다.

PEST의 세 번째 사회적 환경 요인 측면에서 살펴 본다면 친환경 에너지 요구가 높아짐에 따라 규제 정책의 변화가 예상되었다. 이는 에너지 기본정책상 석유 비중이 축소되고 LNG 비중이 증대될 것으로 예측할 수 있는 요인이었다. 이에 따라 LNG 발전소가 증가되는 추세였고, 가스 내수 시장도 지속적으로 성장할 수 있음을 이 분석을 통해 확인할 수 있다.

PEST의 네 번째 기술적 요인을 분석해 보면 쉐일 가스 기술의 발전에 따라 미국의 공급 물량 확대가 예상되는 상황이었다. 실제로 2016년에는 미국 LNG 수출이 년간 약 4천만 톤으로 전 세계 LNG 수입량의 15% 수준으로 상승하였다.

그리고, 기술적 측면에서 LNG 발전기의 효율도 48~57%정도에서 60%(H Class)까지 상승되었다. 이것은 LNG 발전소의 가격(SMP) 경쟁력이 높아졌다는 것을 의미한다.

Political Factors	• 국내 규제에 따른 LNG 수입의 제한 - 대규모 자가소비용으로만 LNG 수입 가능(도시가스 및 제3자 판매 금지) 및 30일 분의 저장용량 보유 필요 • 중국, 아시아 지역에서는 각국 정부가 정책적으로 LNG 사업을 규제하여 국영기업이 독과점적 지위를 갖고 있음
Economic Factors	• 미국은 LNG 가격을 미국 천연가스 가격(Henry Hub)에 연동하는 가격 구조를 도입하여 시장 확대를 모색함 (기존 전통적 계약은 유가 연동 가격 구조임) • 시장 수급에 따른 현물/단기 Trading 시장 비중의 증가 • LNG 사업은 세계 경제 사이클에 따라 유가와 미국 천연가스 가격에 연동되어 있어 사업의 불확실성 리스크가 내재되어 있음
Sociocultural Factors	• 친환경 에너지 요구가 높아짐에 따라 규제 정책의 변화 예상됨 - 에너지 기본정책상 석유 비중 축소 및 LNG 비중 증대 • LNG 발전소의 증가 등 가스 내수 시장 지속적 성장
Technological Factors	• Shale gas 기술의 발전에 따라 미국의 공급 물량 확대 예상됨 - 2016년 미국 LNG 수출 년간 약 4천만 톤으로 이는 2010년 전 세계 LNG 수입량의 15% 수준 • LNG 발전 효율 증대에 따른 SMP 경쟁력 제고 기존 발전 효율(48~57%)에서 60%(H Class)까지 올라감

지금까지 PEST 분석을 통해서 SK E&S가 글로벌 거시 환경상 어떤 포지션에 있는 지를 파악하였다. 그리고 우리는 SK E&S에게 어떤 기회 요인과 위협요인이 있는 지를 발견할 수가 있다. 호주, 러시아, 베트남 등의 새로운 LNG 프로젝트에 참여 기회와, 미국에서의 LNG 확보 기회 그리고 LNG 관련 신규 산업의 등장이라는 기회요인이 있다는 것을 확인하였고, 이는 곧 글로벌 시장의 전략 방향이 될 수 있었다. 또 한편, 반드시 고려해야 할 글로벌 환경에서의 위협요인으로는 국내의 터미널 활용 불가 문제와 사업 규제, 급격한 LNG 가격 변동 등이 대두되었다. 이렇게 파악이 된 기회와 위협 요인은 다음 단계에서 글로벌 전략 수립을 위한 중요한 기초자료가 될 것이다.

기회 (O)	• 호주 러시아 베트남 등에서 다수의 LNG 프로젝트 참여 기회 • 미국 쉐일 가스 생산량 증대로 경쟁력 있는 LNG 확보 기회 • 수소 사업, 연료 전지 발전 등 LNG 기반 신규 산업 대두
위협 (T)	• KOGAS의 독점적 시장 정책으로 포스코 광양 터미널이 유일한 LNG직 도입 시 사용 가능 터미널 • KOGAS의 터미널(인천, 평택, 통영) 활용 불가 • 국내 수입 및 소매 판매 규제 정책 • 중국 아시아 국가들의 정부 주도 LNG 사업 규제 • 유가 및 Henry Hub 변동으로 인한 LNG 가격 변동

PEST 모델 적용 실습

- 아모레 퍼시픽 사례를 PEST 분석 프레임워크에 맞추어 분석하여 아모레의 글로벌
  경쟁환경을 분석한다.
- 본서의 첨부 파트에 있는 PEST 양식 및 작성 예시를 참고하기 바란다.

아모레 퍼시픽의 글로벌 사업 환경

1945년 태평양 화학 공업사로 창업하여 2002년 사명을 변경한 아모레 퍼시픽은 한국 화장품 산업이 선구자적 역할을 해왔다. 미안수(스킨로션)와 구리므(크림) 제품을 시작으로 최초로 자기 브랜드에 고급 용기를 사용한 메로디 크림과 ABC 화장품 등 히트 상품을 잇달아 내 놓으면서 내수시장의 입지를 다졌다. 글로벌 시장 진출은 1964년부터 국내 최초로 화장품 수출을 시작하여 1984년에는 이천만 불 수출의 탑을 수상하기도 하였다. 또한 업계 최초로 화장품 방문 판매 제도를 도입하여 선두업체로 나서게 되었고 되었다.

2020년에는 매출액 4.4조 원을 달성하였고 헤라, 설화수, 아이오페, 라네즈, 이니스프리, 에뛰드 등 글로벌 일류 브랜드도 6개 이상 보유하고 있다.

화장품 산업은 기초 과학과 응용 기술이 종합적으로 적용되는 산업에 속하며 생산 단위당 부가가치 창출액은 다른 산업보다 약 10% 정도 높은 고부가가치 산업으로서 70년대 경제성장과 더불어서 화장품산업도 지속 성장하여 국내 화장품 시장은 1인당 소비 금액 면에서 세계 10위를 차지하는 시장이다. 현재 국내 화장품 업계는 LG생활건강, 아모레 퍼시픽 등의 국내업체와 다국적기업이 저성장 경제, 글로벌화, 유통환경의 급변 등 불확실한 경제 환경 속에서 치열한 경쟁을 지속하고 있다.

2020년 화장품 산업은 코로나 영향을 받으면서, 전체 소매판매 침체 속 자유 소비재 부진이 심화됐으며 주력 채널 내 판매량이 감소하고 경쟁 또한 심해졌다. 2020년 수출금액은 75억 달러로 전년 대비 15.6% 증가한 반면 수입은 15억 달러로 전년 대비 8.5% 감소했다. 무역수지는 6년 연속 흑자를 기록하고 있는데, 2016년 28억 달러에서 2020년 60억 달러로 크게 증가했다.

유형별 비중은 기초 화장용 제품류가 전체 화장품에서 차지하는 비중이 60%로 선두를 지킨 가운데, 색조 화장용 제품류가 13% 비중을 차지하며 2위를 기록했다. 그 다음으로 두발용 제품류 11%, 인체 세정용 제품류 10% 등 4개 유형 제품이 94%를 차지한 것으로 나타났다.

2020년은 항상 마스크를 착용했으며 백신을 접종한다 하더라도 올해도 마스크 생활화 상황은 지속될 전망이다. 다만, 외부활동 및 대면이 2020년보다는 확대가 기대되어 코로나19 영향으로 2020년 수요가 급감한 색조화장품의 기저 효과를 예상해 볼만 하다.

한편, 효능·효과가 강조된 전문적 기능의 화장품은 기능성 화장품으로 정의하여 일반화장품과 구분하고 있다. 기능성 화장품은 화장품과 의약품의 중간적인 성격을 갖는 제품이라 볼 수 있는데 일반 화장품이 안전성을 강조하는데 비해 기능성 화장품은 안전성 외에 특히 미백, 주름개선 등의 효능·효과를 강조한 제품이다. 특히 지난 2017년 기능성 화장품 범위가 기존 3종에서 10종으로 확대됨에 따라 향후 기능성 화장품 시장의 성장세는 지속될 것으로 예상된다.

글로벌 화장품산업은 전 세계적 불황에도 불구하고 수요를 지속적으로 창출해내는 미래 유망산업으로 위상을 넓혀가고 있다. 특히 새로운 소비 트렌드 부상과 유통 채널의 다양한 발전가능성으로 앞으로의 성장이 더욱 기대되는 분야이다. Euromonitor 자료에 의하면 2019년 세계 화장품 시장규모는 4,203억 달러로 전년 대비 4.5% 증가했다. 2020년 코로나19로 인한 세계경제 수요 및 공급 악화로 화장품 산업 성장에 큰 제약이 따를 것으로 예측되며, 특히, 중국, 한국을 제외한 대부분의 국가에서 시장규모가 둔화되는 양상을 나타낼 것으로 전망했다. 향후 유통시장의 디지털 전환, 라이브 커머스 등의 활용으로 2021년 세계 화장품 시장규모는 반등할 것으로 예상되며 2024년(5,263억 달러)까지 꾸준한 증가세를 보일 것으로 내다보고 있다.

아모레 퍼시픽의 성장을 견인했던 중국 화장품 산업 시장은 화장품 소비층이 증가하며 화장품 시장 규모가 확대되고 있는 추세이다. 2011년부터 2019년까지 시장 규모와 복합성장율은 9.3%에 이른다. 중국 국내 화장품 시장은 큰 시장 규모와 잠재력을 갖추고 있어 2028년 시장규모는 9400억 위안, 연평균 성장율 7.1%에 달할 것으로 예상된다.

글로벌 브랜드는 마케팅 및 R&D 투자로 품질 우위의 브랜드 이미지를 갖고 있는 반면, 중국 브랜드는 빈번한 안전 문제가 발생하고 있다. 중국 화장품 시장은 세계적인 브랜드들이 강세를 갖고 있고, 시장 점유율을 보면 로레알 12.2%, P&G 9%, 에스터로더 5.4%를 갖고 있다. 고급 화장품 시장은 겔랑, 크리스틴 디올, 샤넬, 클라린스, 랑콤, 에스티로더 등의 글로벌 브랜드가 고소득층 소비자를 타겟으로 시장 점유를 하고 있다. 중·고가와 대중 화장품 시장은 외국 브랜드와 중국 브랜드가 경쟁하고 있다. 외국 브랜드는 로레알, 시세이도, 올레이, 니베아, 폰즈 등이 있으면, 중국 브랜드는 바이차오지, 완메이, 샹이번차오, 쯔란탕, 딩지아이 등의 중국 브랜드가 있다.

2023년 중국사람들이 온라인 면세점에서 한국 화장품을 산 액수가 지난해보다 34.4%가 줄었다. 이렇게 줄어든 이유는 중국 젊은 층을 위주로 "궈차오"라 불리는 국산품 애용 열풍이 한 몫을 했다고 보인다. 이 같은 소비 트렌드로 한국 화장품 등 소비재 판매 상황이 갈수록 어려워 지고 있다. 아모레 퍼시픽의 경우 한 때 중국 판매가 해외 매출의 60%를 차지할 정도로 비중이 컸지만 최근에는 설화수 정도를 제외하고 사실상 중국 시장을 접는 분위기다. 헤라, 에뛰드 등의 브랜드는 중국 현지 매장을 모두 접었다고 한다. 사드 배치 문제로 시작한 중한 관계가 대만 이슈까지 번지면서 정치적인 소용돌이 휩싸여 국내 화장품 업체의 중국 진출도 어려운 국면을 맞고 있다.

(본 사례는 조선 비즈 2023.05.13, CCIC Korea 2023 중국 화장품 업계 현황 및 발전 전망, 2020 화장품 산업 보고서, 나무 위키 등에서 나온 내용을 참고로 하여 작성됨.)

5 Force 분석

이번에는 또 다른 경쟁 환경 분석 방법으로 경쟁의 본질을 확인해 볼 수 있는 5 포스Forces 기법을 살펴보자. 5 포스 기법은 1979년 하버드대 마이클 포터 교수가 개발한 이래로 경영에 매우 중요한 도구로 자리를 잡았다. 5가지 관점에서 경쟁 환경을 분석하기 때문에 5 Force라는 이름이 붙여졌다. 하나씩 살펴보면, 다음과 같다.

- 기업에게 원자재를 공급하는 공급자의 교섭력은 어느 정도 인지를 분석한다.
- 기업의 제품을 선택하는 고객은 어떤 제품 선택권이 있는 지를 파악한다.
- 경쟁자들은 어떤 강·약점을 갖고 있고 시장에서 입지는 어떤지를 파악한다.
- 우리 제품을 대체할 만한 제품들이 존재하는 지를 파악한다.
- 새롭게 시장에 진입하는 잠재 경쟁자들은 얼마나 위협이 되는 지를 파악한다.

Source: Smart Edge

이렇게 5가지 관점에서 사업의 경쟁 환경을 분석하게 되면, 기업이 경쟁 환경에 어떻게 영향을 받는 지와 어떤 경쟁 전략을 수립할 것인지에 대해 통찰력을 얻을 수가 있다.

5 Force 기법을 적용하기 편리하게 분석 과정을 양식화 하였다. 5가지 경쟁 환경을 기록하고, 여기에서 제품의 SWOT 요소인 기회, 위협, 강점, 약점 요인을 도출하도록 프레임워크를 구성하였다. 순차적으로 이 도표를 작성해 나가면 경쟁 전략에 대한 통찰을 얻게 될 것이다.

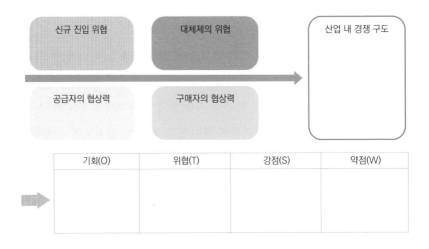

	기회(O)	위협(T)	강점(S)	약점(W)

5 Force 기법을 활용하는 방법을 코카콜라 사례를 통해 익혀 보자.

코카콜라는 세계에서 가장 잘 알려진 브랜드 중 하나이다. 이 회사는 1886년 Jacobs의 약국에서 첫 번째 콜라를 판매했지만 회사의 미션은 바뀌지 않았다. 목표는 가장 많은 수의 음료를 글로벌 시장에서 판매하는 것이다. 전 세계적으로 거의 10,000개의 콜라 음료가 초마다 소비된다고 한다. 코가 콜라는 어떤 경쟁 환경에 직면해 있는지를 5 force를 통해서 분석해 보자.

우선 신규 진입의 위협 요인을 파악해 본다면, 음료 산업의 진입 장벽은 상대적으로 낮다. 따라서 콜라 제품과 비슷한 가격대의 새로운 브랜드가 시장에 빈번히 출현하고 있다. 이 내용으로 볼 때 코카콜라는 신규 진입의 위협이 높게 느껴진다. 하지만 코카콜라는 음료뿐만 아니라 하나의 브랜드이다. 그리고 오랫동안 매우 높은 시장 점유율을 유지해 왔기 때문에 충성도가 매우 높은 고객을 보유하고 있다. 따라서 신규 진입의 장벽은 낮지만 브랜드 충성도가 강하여 실제로 신규 진입의 위협은 낮은 것으로 분석할 수 있다.

두 번째 경쟁환경 분석 요소는 대체제의 위협이 존재하는가 이다. 음료 시장에는 많은 종류의 에너지 드링크/소다/주스 제품이 있다. 코카콜라는 완전히 구분해 낼 수 있는 독특한 맛이 있지 않는 것으로 확인되었다. 블라인드 맛 테스트를 통해 사람들은 코카콜라와 펩시의 차이를 구분할 수 없는 것으로 알려지게 되었고, 실제로 이를 증명하는 사람들이 많다. 따라서 시장에서의 콜라에 대한 대체제의 위협은 큰 것으로 판단이 된다. 그러나 또 다른 관점에서 본다면 대체제 시장의 등장은 코카콜라에게도 새로운 기회가 될 수가 있다. 또 다른 신규 제품을 출시할 수도 있기 때문이다.

세 번째로 공급자의 교섭력을 보면, 청량음료인 코카콜라의 주요 성분은 탄산수, 인산, 감미료 및 카페인이다. 이 성분을 가진 원료들은 특정 공급자에 집중되거나 특별히 까다로운 차별화를 요구하지도 않는다. 그리고 코카콜라는 공급업체에 대한 대규모 또는 최대 고객일 수 밖에 없다. 따라서 코카콜라에 대한 공급자의 파워는 약한 것으로 볼 수 있다.

네 번째로 경쟁 환경 분석 요소인 구매자의 파워를 살펴보자. 고객은 코카콜라에 구매자로서의 교섭력은 없는 것으로 보인다. 전 세계의 대부분 구매자들은 코카콜라 브랜드에 대한 충성도가 높기 때문이다. 월마트와 같은 대형 소매업체는 주문량이 많기 때문에 교섭력이 있지만 이 또한 최종 소비자 브랜드 충성도 때문에 결국 교섭력이 약해질 수 밖에 없다. 따라서 코카콜라에 대한 구매자의 파워 또는 교섭력은 낮은 수준이라고 할 수 있다.

다섯번 째는 산업 내 경쟁 환경을 살펴보자. 앞서 네 가지 경쟁환경에서의 위협이나 교섭력에 대한 내용들이 실제로 경쟁사 간에는 어떤 경쟁환경으로 작용하는지 시장의 경쟁 현상을 분석하고 정리하는 것이다. 우선 코카콜라 업계의 기존 기업 간 경쟁이 매우 치열한 것으로 확인된다.

코카콜라의 주요 글로벌 직접 경쟁자로는 Pepsi, Sprite, Dr Pepper, Nestle 및 Redbull이 있으며 간접 경쟁자로는 Heaven & Earth, Tropicana, Starbucks, Lipton Juices, Boost 및 기타 여러 회사가 있다. 최종 사용자가 코카콜라에 대한 강한 브랜드 충성도가 없다면 코카콜라 외에 선택할 수 있는 다른 옵션이 많기 때문에, 최종 사용자가 경쟁 기업의 제품을 선택할 가능성은 높다고 할 수 있다.

다섯 가지(5 force)의 경쟁환경 분석을 통해 우리가 얻을 수 있는 정보를 5 force 양식에 기록해 보면 다음과 같다.

신규 진입 위협	대체제의 위협	산업 내 경쟁 구도

- 음료 산업의 진입 장벽은 상대적으로 낮음. 콜라 제품과 비슷한 가격대의 새로운 브랜드가 시장에 빈번히 출현함.
- 코라콜라는 음료뿐만 아니라 브랜드임. 오랫동안 매우 중요한 시장 점유율을 유지해 왔으며 충성도가 높은 고객은 새로운 브랜드를 시도하지 않음.

- 시장에는 많은 종류의 에너지 드링크/소다/주스 제품이 있음.
- 코카콜라는 완전히 독특한 맛이 있지 않음. 블라인드 맛 테스트에서 사람들은 코카콜라와 펩시의 차이를 구분할 수 없음.

- 코카콜라 업계의 기존 기업들 간의 경쟁이 치열함.
- 코카콜라의 주요 글로벌 직접 경쟁자로는 Pepsi, Sprite, Dr Pepper, Nestle 및 Redbull이 있으며 간접 경쟁자로는 Heaven&Earth, Tropicana, Starbucks, Lipton Juices, Boost 및 기타 여러 회사가 있음.
- 최종 사용자가 코카콜라에 대한 강한 브랜드 충성도를 나타내지 않는 한 코카콜라 외에 선택할 수 있는 다른 옵션이 많기 때문에 최종 사용자가 코카콜라를 선택할 가능성은 다소 낮을 수 있음

- 청량 음료의 주요 성분은 탄산수, 인산, 감미료 및 카페인. 특정 공급자에 집중되거나 차별화를 요구하지 않음.
- Coca-Cola는 공급업체에 대한 대규모 또는 최대 고객임.

- 개인 구매자는 코카콜라에 압력을 가하지 않음.
- 월마트와 같은 대형 소매업체는 주문량이 많기 때문에 교섭력이 있지만 최종 소비자 브랜드 충성도 때문에 교섭력이 약해짐.

공급자의 협상력	구매자의 협상력	

다음에는 5 Force 정보로부터 주요 기회 요인과 위협 요인을 SWOT 양식으로 도출해 볼 수 있다.

기회요인으로는 다음과 같다.

- 높은 시장 점유율과 브랜드 충성도
- 다양한 대체재 시장이 확대됨
- 공급업체에 대한 영향력이 큼

그리고 위협요인으로는 다음과 같다.

- 펩시 등 기존 기업들 간의 경쟁이 치열함
- 맛에 대한 차별화가 사라지고 있음
- 많은 종류의 음료 제품이 대체제로 시장에 나타나고 있음

주요 기회 요인	주요 위협 요인
• 높은 시장 점유율과 브랜드 충성도 • 다양한 대체재 시장이 확대됨 • 공급업체에 대한 영향력 높음	• 펩시 등 기존 경쟁사들과 경쟁 치열 • 맛에 대한 차별화가 사라짐 • 많은 종류의 음료 제품이 대체재로 시장에 출시됨

이와 같이 우리는 5 Forces 분석을 통해서 글로벌 시장으로 진입할 경우 해당 시장에서의 기회 요인과 위협요인을 바탕으로 새로운 마케팅 전략이나 진입 전략을 선택하고 실행할 수 있을 것이다.

5 Force 모델 적용 실습: 월마트

- 월마트 사례를 5 Force 분석 프레임워크에 맞추어 분석하여 월마트의 글로벌 경쟁 환경을 분석한다.
- 5 Force 양식에 작성한 뒤에 첨부의 분석 결과 예시를 참조하여 보완을 한다.

경쟁 환경 분석: 5 Forces Model

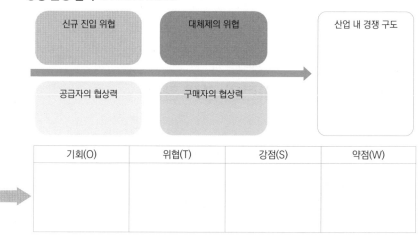

기회(O)	위협(T)	강점(S)	약점(W)

월마트의 경쟁 환경

할인점의 대명사로도 통하는 '월마트(Walmart)'는 미국 아칸소 주에 본사를 둔 세계 최대 규모의 유통업체이다. 1962년 창립자 샘 월턴(Sam Walton)이 아칸소 주에서 작은 잡화점을 연 것에서부터 시작된 이후 미국 50개 주 전역은 물론 전 세계적으로 유통망을 뻗치고 있는 월마트는, 현재 미국을 포함한 전 세계 27개국에 걸쳐 220만 명의 종업원을 거느리고 1만 여개의 매장을 운영하고 있다. 월마트에서 취급하는 상품은 식료품부터 건강 용품에 이르기까지 거의 모든 종류의 생활소비재인데, 특히 식품류가 전체 매출액의 50% 이상을 점유할 정도로 비중을 차지하고 있는 것이 특징이라 할 수 있다.

월마트가 2013년 연 매출액 4,691억 달러(USD)를 기록하며 Forbes 선정 글로벌 2,000대 기업 중 매출 부문 1위를 차지한 바 있을 정도로 거대한 규모의 '유통 공룡' 임은 널리 알려진 사실이다. 이러한 월마트의 성공에는 "EDLP(Every Day Low Price)"라는 슬로건에 따라 구매가에 10~15% 정도의 낮은 마진을 붙이는 할인 전략이 그 바탕을 이루고 있다. 월마트는 이와 같은 저가 전략을 통해 저소득층 소비자들의 생활을 지배하고 있을 뿐만 아니라, 월마트에 대한 매출 의존도가 높은 공급업체들에게 막대한 영향력을 행사하고 있기도 하다.

월마트의 강점이 되는 경영 시스템에는 다음과 같은 것이 있다.

- 현장 밀착형 마케팅 조직: 본부의 임직원이 영업 현장에 머물면서 신규 오픈, 점포 개선 방안, 신 시스템 도입 등을 진두 지휘하고 현장의 문제점을 직접 파악하여 바로 개선을 시킴.
- 판매와 생산을 연결하는 공급 시스템: 위성정보 통신망을 통해 판매 현황이 제조업체와 공유되고 바로 생산 및 납품이 되는 공급 시스템을 갖추어서 생산 단계로부터 판매까지의 상품 사이클을 단축시킴.
- 효율적 물류관리 시스템: 바코드 가격표와 POS(Point of Sales)시스템 전 매장에 설치하여 재고 실시간 파악 가능케함. 타 일반 할인점들이 물류비용으로 매출액의 4.7%를 지출하고 있는데 반해 월마트는 2.0%만을 지출함.
- 통신 위성망을 통한 운송 관리: 월마트는 물류 창고에서 출발한 상품 적재 트럭을 3개의 인공위성을 이용해 15분마다 추적하고 도착 예정 매장에서는 이에 맞춰 작업 계획을 세우도록 함.

월마트는 그 규모에 맞게 마케팅, 유통 그리고 제품 개발에 대규모 투자를 하고 있다. 만일 월마트와 경쟁을 하기를 원한다면 이러한 투자 규모에 필적할만한 초기 자본 투자를 해야 할 것이다. 소매 업계는 동일한 소비자를 향해서 유사한 제품을 판매하게 된다. 경쟁사끼리 경쟁을 너무 격하게 하면 모두가 살아남기가 어려운 상황이 될 것이다. 월마트의 강점은 공급자와 수많은 소비자들과 매우 긴밀한 관계를 형성하고 있다는 것이다. 그래서 월마트는 규모의 경제면에서 앞서 있고, 효율적으로 운영되고 있는 물류 시스템에 대한 선 투자로 인해 고정비 부담도 적어지고 있다. 이러한 측면에서 본다면, 월마트는 소매 산업에 새로 진입하는 경쟁 업자의 위협에 그리 큰 영향을 받지 않는 다고 할 수 있겠다.

월마트는 매일 수많은 소규모 소비자들에게 판매를 하고 있다. 이것은 개별 소비자들이 월마트에 미칠 수 있는 영향이 그리 크지 않다는 것을 의미한다. 월마트에서 팔고 있는 제품들보다 저가의 제품을 다른 곳에서 찾기가 어렵다는 점도 소비자들의 선택권을 약화시킨다고 하겠다. 월마트도 가격적인 면에서는 다른 경쟁사들로부터 그리 위협을 느끼고 있지는 않는 듯하다. 가격에 매우 민감한 소비자들의 구매 행태도 월마트의 최저가 전략과 잘 맞아 떨어지기 때문에 소비자들의 월마트에 대한 선호도는 큰 변화가 예상되지 않는다. 물론 다른 소매점에서 동일 물건을 사는 스위칭 코스트는 그리 높은 편은 아니다. 그러나 월마트가 갖고 있는 다양한 제품과 서비스 그리고 편리한 위치에 자리잡은 월마트 가게들의 입지로 인해 소비자들의 월마트에 대한 협상력은 그리 높지 않다고 평가될 수 있다.

월마트 체인점들은 모두 다른 공급자들로부터 물건을 공급받고 있다. 공급자들에게 있어 월마트는 꼭 잡아야 하는 대규모 수요자인 것이다. 그러므로 월마트는 공급자에게 매우 유리한 위치에서 협상력을 갖게 된다. 공급업자들은 월마트의 요구를 맞추기 위하여 월마트 입지 근처에 공급 시설을 갖추려고 노력을 한다. 월마트는 공급자가 요구 조건을 맞추지 않으면 다른 공급업자를 찾는 것에 준비가 잘 되어있다. 물론 월마트에 필적할 만한 구매자가 있을 수 있지만, 소비자들에게 직접 판매를 하고 있는 월마트의 판매 채널은 큰 강점이다. 또한 내부적으로 공급자 다양화 프로그램을 운영하고 있기 때문에 월마트에 공급하는 업자들에 대한 의존도는 낮은 수준으로 유지될 것으로 판단된다.

월마트가 판매하고 있는 제품의 분야와 종류는 채소류에서부터 가전 제품까지 대단한 다양성을 갖고 있다. 월마트에서 팔고 있지 않은 상품을 다른 가게에서 찾는 것은 쉽지 않을 정도이다. 개별 상품들의 대체재라 할 수 있는 상품들도 모두 같은 가게 안에서 찾을 수 있으니, 매출에 영향을 줄 수 있는 대체재의 위협은 크지 않을 것이다. 물론 타겟과 같은 경쟁사들과 판매 경쟁은 치열하다. 그러나 이것은 대체제로 인해서 발생하는 경쟁이라기보다는 경쟁사들의 마케팅 정책에 의한 경쟁이라고 하겠다. 특정 제품의 다양한 유사 제품들이 모두 같은 가게 안에서 구매할 수 있는 환경에서는 대체제로 인한 위협은 큰 이슈가 되지 않을 것으로 판단된다.

소매 업계의 안정적인 4% 수준의 성장과 5경 달러에 이르는 시장의 규모는 미국 소매 업계가 치열한 경쟁을 하지 않을 수 없는 시장이다. 월마트의 경쟁사로는 코스트코(Costco), 타겟(Target), 크로거(The Kroger), 아마존(Amazon) 등이 있지만 유통 채널과 가격정책면에서는 아직 월마트에 필적하기 어렵다. 월마트의 경쟁력 있는 규모의 경제와 가격 전략은 다른 경쟁사들이 쫓아오기는 어려운 수준이다.

월마트는 이런 경쟁 우위를 유지하기 위하여 공급망 관리를 위한 내부 프로세스 자동화에 지속적인 투자를 해야만 한다. 또한 새로운 원가 경쟁력 전략을 지속적으로 개발하고 실현할 수 있을 것이다.

월마트는 또한 핵심 전략인 저가 전략이 값싼 노동력과 대량 생산 및 환경 파괴로부터 기인한다는 지적에 대해서도 적극적으로 해결책을 내야 한다. 2005년 당시 월마트의 CEO였던 리 스콧(Lee Scott Jr.)은 전 세계 6,000개 이상의 매장과 160만 명의 임직원, 그리고 60,000여 개에 달하는 공급업체들을 대상으로 "지속가능 전략(Business Sustainability Strategy)" 이니셔티브를 발족할 것을 발표하였다. 해당 이니셔티브는 크게 3가지 목표를 통해 환경에 대한 자사의 부정적 임팩트를 감소시키는 것을 주요 내용으로 했는데, 이는 각각 다음과 같았다.

- 에너지 공급원을 100% 재생 가능한 에너지로 충당할 것(To be supplied 100 percent by renewable energy)
- 폐기물 배출량을 '0'으로 만들 것(To create zero waste)
- 환경적으로 지속 가능한 제품을 판매할 것(To sell products that sustain our resources and the environment)

월마트의 지속가능경영전략이 단순한 보여 주기식 환경친화 캠페인이 아니라는 것은 분명한 사실이나, 이것이 월마트가 창출해 내는 사회적 가치와 경제적 가치 모두를 바람직한 균형점으로, 컨트롤할 수 있는 전략으로 안정적으로 자리잡고 발전해 나가기 위해서는 여전히 해결해야 할 과제들이 많다. 그럼에도 불구하고 월마트의 이와 같은 시도와 노력은, 업계 내는 물론 세계 경제 속에서 거대한 흐름을 담당하고 있는 대기업으로서 내리는 결정과 이에 따른 실제 운영상의 변화가 그를 둘러싼 공급업체와 지역사회, 정부, 비영리단체 등의 수많은 이해관계자들의 움직임에 영향을 미치고 나아가 더욱 더 거대한 변화를 이룩해낼 수 있다는 가능성을 현실 속에서 보여주고 있다는 점에서 충분히 그 의의를 찾을 수 있을 것이다.

(위 사례는 365financialanalyst.com과 Wikipedia, 월마트 홈페이지 내용을 인용하여 작성됨)

BCG 매트릭스

BCG 매트릭스는 Boston Consulting Group에서 개발했는데 제품 포트폴리오 매트릭스라고도 한다. 세로축을 시장 성장율로, 가로축을 상대적 시장 점유율로 설정한 2X2 매트릭스 안에서 우리 사업의 위치를 찾는 것이다. 4개의 영역은 전략적 활용도와 투자 및 운영 방식이 서로 다르게 적용이 될 수가 있다.

상대적 시장 점유율

저성장, 고 점유율의 사업부일 경우, 성장 잠재력이 낮기 때문에 성장을 위한 투자보다는 수익을 최대한 높여 현금을 확보하는 전략이 효과적이고, 따라서 캐시카우(Cash Cow)라고 부른다.

고성장, 고 점유율의 사업부일 경우, 미래 먹거리로서 잠재력이 높기 때문에 과감한 투자 전략이 효과적이다. 그래서 이 영역을 스타(Star)라고 부른다.

높은 성장 시장에서, 낮은 점유율에 속한 사업부는 스타가 될 가능성이 높지만 아직 경쟁력이 갖추어져 있지 않다. 그래서 퀘스천마크(Question mark)라고 부른다. 이 영역에 속한 사업부는 경쟁력을 확보할 수 있는 지 여부를 면밀히 검토하고 그 결과에 따라 투자하거나 버려야 한다.

낮은 점유율, 낮은 성장의 사업부는 구조 조정을 해야 할 대상이다. 청산, 매각 등의 탈출 전략을 고려하거나 혁신적 변화를 통한 사업 재 포지셔닝을 해야 한다.

이 영역은 독(Dog)이라고 부른다.

이렇게 BCG 분석 모델은 지속적으로 투자를 할 사업과 구조 조정을 할 사업들을 파악하는 데 중요한 통찰력을 얻을 수가 있다. 그래서, BCG 매트릭스는 회사 브랜드 포트폴리오의 전략적 위치를 평가하는 데도 사용할 수 있다.

코카콜라 사례

그러면, 이번에는 BCG 분석 기법을 글로벌 기업인 코카콜라에 적용하여 현업에서 어떻게 활용할 수 있는 지를 살펴보자. 코카콜라는 다양한 제품 포트폴리오를 갖고 있어서, BCG 분석 기법이 더 효과적으로 적용될 수가 있다. 실제로 코카콜라는 BCG 매트릭스를 사업 전략 수립에 활용하고 있다.

Dog 영역에 해당하는 코카콜라의 제품은 Coca-Cola Plus Energy, 스무디 및 주스, Tab 및 Zico 코코넛 워터, Coca-Cola Life, 천연 감미료 제품 등이다. 이들 제품들의 특징은 잘 나가는 타사 제품을 따라서 출시했거나, 감미료가 첨가된 제품들이었다. 코카콜라 제품 포트폴리오 안에도 이렇게 제품을 접거나 또는 매각 대상인 제품들이 다수 발견이 된다. 경영진은 이들 제품에 대해서 신속한 의사결정을 통해 경영 효율성을 높여야 할 것이다.

스타 제품들은 고성장 산업에서 시장 점유율이 높은 제품이다. 코카콜라의 경우 생수가 이에 해당된다. Kinley와 Dasani라는 두 가지 브랜드가 유럽 시장과 미국 시장에서 각각 높은 시장 점유율을 갖고 있다. 건강 음료와 생수에 대한 수요가 계속 확대됨에 따라 코카콜라는 이 사업에 추가 투자를 통한 성장 전략을 세워야 할 것이다.

코카콜라의 캐시카우 사업은 역시 전통적 사업인 콜라 제품(COKE)이다. 콜라는 탄산 음료 산업에서 시장 리더이자 상당한 수익 창출원이기도 하다. 수십년 동안 확립된 브랜드로 전 세계적으로 가치사슬(value chain)을 만들어서 앞으로도 상당한 기간 동안 캐시카우로서 역할을 할 것으로 기대가 된다.

코카콜라의 퀘스천마크(Question mark) 사업은 현재 개발 단계에 있는 제품이거나 이제 막 시장에 출시된 제품들이 대부분이다. BCG 매트릭스에서는 차, 과일 주스, 저칼로리 음료수들이 이에 해당이 된다. 이러한 제품에 대한 시장의 반응은 아직 잘 확인이 되지 않고 있다. 하지만, 이러한 제품들은 건강한 라이프 스타일을 추구하는 시장의 Trend를 반영한 것이기 때문에 스타 또는 캐시카우 사업으로 성장할 가능성이 높다. 코카콜라는 이들 제품의 시장을 민감하게 주시하고, 이에 따라 추가 투자 결정을 내려야 할 것이다.

이렇게 BCG 분석을 통해 코카콜라 제품 포트폴리오가 글로벌 시장에서의 어떤 경쟁적 포지션이 있는 지를 파악해 보았다.

상대적 시장 점유율

BCG 분석을 통해서 얻은 정보들로부터 코카콜라의 강점과 약점, 즉 SWOT요소를 도출할 수 있다. 코카콜라의 글로벌 시장 경쟁력의 강점은 높은 브랜드 가치와 고객 충성도, 글로벌 시장 점유율, 지배적인 시장 점유율 등을 확인할 수 있고, 약점으로는 제품 다양화의 요구에 대한 시장에서의 입지가 약한 점과, 탄산음료의 건강 문제 등을 알 수 있다.

강점 (S)	• 높은 브랜드 가치와 고객 충성도 • 글로벌 시장점유율 • 지배적인 시장 점유율
약점 (W)	• 제품 다양화의 요구 • 탄산음료의 건강 문제

간단하게 파악해 보았지만 이러한 강점과 약점은 사업의 차별적 경쟁 전략과 글로벌 시장 진입 전략을 세우는데 중요한 역할을 할 것이고, 다음 챕터에서 이를 다시 확인해볼 것이다.

GE 맥킨지 매트릭스

이번에는 사업의 경쟁 포지션을 분석하기 위한 GE 맥킨지 매트릭스에 대해 알아보겠다. GE 맥킨지 매트릭스는 General Electric이 컨설턴트인 맥킨지 McKinsey 에게 포트폴리오 관리 모델 개발을 요청하여 개발하게 되었다. 이 매트릭스는 기업이 사업 단위 간에 투자의 우선 순위를 지정하는 방법에 대한 지침을 제공하는 전략 도구로 BCG 매트릭스와 마찬가지로 기업 전략에 사용되는 포트폴리오 분석 도구이다.

GE 맥킨지 매트릭스는 산업의 매력도와 사업부의 경쟁력, 이 두 가지 변수를 매트릭스로 결합함으로써 기업은 그에 따라 비즈니스 단위를 계획하고 투자, 수확 또는 매각할 타이밍을 결정할 수 있다.

산업의 매력도는 시장 규모, 산업 구조, 경쟁자, 진입 장벽, 제품 수명 주기 등을 고려하여 상·중·하 수준으로 매력도를 정하면 된다. 사업부의 경쟁력은 제품 차별화, 시장 점유율, 자산, R&D, 규제, 경제 상황 등을 고려하여 상·중·하 수준을 정하게 된다.

GE 매트릭스는 아래 도표와 같이 9개의 셀(cell)이 있고, 사업의 상대적 경쟁력 위치를 찾아서 기입(mapping)을 하도록 디자인 되어 있다. 이것은 다시 성장 (GROW), 재정비(HOLD), 수확(Harvest) 3개 영역으로 나눌 수가 있다.

성장(Grow) 영역에 속한 사업들은 산업의 매력도가 높고, 사업의 경쟁력도 높으므로 지속적인 투자를 통해 미래 먹거리로 성장을 시킬 사업들이다.

재정비(Hold) 영역은 경쟁력을 강화시키기 위해 사업 전략을 재정비해야 하는 사업들이다. M&A, 가치사슬 value chain의 재배치 등 전략적 변화가 필요한 사업들이다.

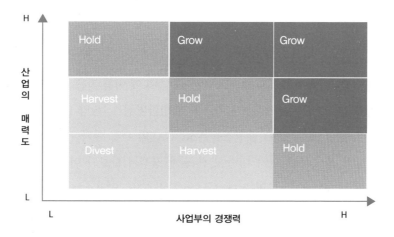

수확(Harvest) 영역은 성장 잠재력이 낮게 예상되므로 사업의 구조 조정이 필요한 사업들이다. 탈출(Exit) 전략 또는 캐시카우로 활용하는 전략들을 고려할 수가 있겠다.

GE 맥킨지 매트릭스는 이와 같이 기업들의 사업 전략을 투자, 재정비, 수확이라는 세 가지 시나리오로 생각을 할 수 있게 해준다. 또한 사업 단위 간에 투자의 우선 순위를 결정하는 데에도 활용이 될 수 있다. 간단히 말하자면, GE 맥킨지 매트릭스는 현재의 상대적 경쟁 포지션과 전략의 방향성을 같이 보여주는 경영분석 프레임워크이다.

GE 맥켄지 매트릭스를 분석을 통해서 우리는 글로벌 시장에서의 전략 수립을 위한 중요한 질문에 대한 답을 얻을 수가 있다.

- 글로벌 사업을 위해 우리 경쟁력의 강·약점은 무엇인가?
- 글로벌 시장에 진출하기 위한 전략의 방향성은 무엇인가?

강점 (S)	• 글로벌 진출 국가에서 성장에 집중할 강점은 무엇인가?
약점 (W)	• 글로벌 사업에서 보완해야 할 약점은 무엇인가?
전략 방향성	• 전략 방향성은 무엇인가?

SK E&S 사례

지금부터는 GE 맥킨지 매트릭스를 실제 현장에서는 어떻게 활용하는 지를 확인하기 위해서 앞장에서 소개한 SK E&S의 사업 현황에 이를 적용해 보도록 하겠다.

2010년초 SK E&S는 8개의 도시가스와 열병합발전소, 광양 LNG 발전소를 가지고 있었다. 다른 모든 LNG 발전소들은 KOGAS의 수입 단가 기준 평균요금제가 적용되어 한전 전력 구매 단가 대비 발전 원가 경쟁력 확보가 어려워 성장성 수익성에 모두 한계가 있었다. 그러나 SK E&S의 광양 LNG 발전소는 LNG를 직도입을 하고 있어 KOGAS에 대한 가격 경쟁력을 확보할 수 있었다. 그러나 KOGAS의 절대적 독점적 위치와 경쟁하기에는 역부족의 상황이었다. 그래서 LNG 사업은 2010년 초에는 여전히 HOLD 영역에 속하게 된다. 도시가스 사업과 집단에너지 사업은 성장 잠재력도 낮고 KOGAS 의존도가 높아 수확 Harvest 영역에 속하게 된다.

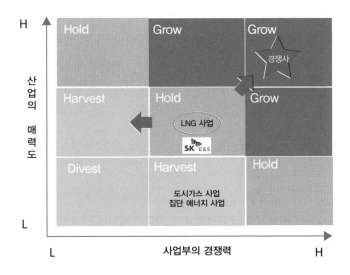

GE 멕켄지 매트릭스를 통하여 분석된 SK E&S의 LNG 사업의 위치가 KOGAS의 경쟁적 위치인 성장(GROW) 영역에 도달하기 위해서는, 다음과 같은 사항이 필요하다.

- LNG 가치 사슬 전 영역에 진출
- 대규모 투자를 통해 LNG 자산을 확보하는 것과 이를 위한 투자 재원의 확보

또한 도시가스와 집단에너지 사업이 캐시카우 역할을 제대로 해서 투자 재원을 충분히 확보해 줘야 LNG에 집중적인 투자가 가능한 상황이었다.

이와 같이 GE 매트릭스 분석을 통해 글로벌 시장에서 SK E&S 각 사업부의 강점과 약점 요인을 파악하고 이를 SWOT의 전략 방향에 적용할 수 있다. 시장 경쟁력의 강점 요인은 LNG 사업부의 성장 가능성이 확보되었던 점을 들 수 있으며, 약점 요인으로는 도시가스 사업의 성장성에 대한 한계와 집단 에너지 사업의 낮은 수익성, 그리고 미래 성장 사업의 불 명확성 등이 분석이 되었다.

여기서 도출할 수 있는 글로벌 전략 방향성은 LNG 사업의 성장 전략을 수립하고 집단에너지 사업의 구조조정을 통해 캐시카우(cash cow) 사업을 강화해야 한다는 점을 확인할 수 있다.

강점 (S)	• LNG의 잠재적 성장 가능성 보유 • 안정적 cash cow 사업 보유
약점 (W)	• 도시가스 집단에너지 사업의 성장 및 수익성 한계 • LNG V/C 기반 취약
전략 방향성	• LNG사업의 성장 전략 수립 • 집단에너지 사업의 구조조정

이렇게 GE 맥킨지 매트릭스는 사업부의 매력도와 경쟁력을 기준으로 시장에서의 경쟁력의 위치를 명확히 파악하고 전략 방향성을 제시할 수 있는 유용한 도구이다.

BCG 모델, GE 멕킨지 매트릭스 적용 실습: HD 현대 인프라코어

- 인프라 코어 사례를 BCG 및 GE 맥킨지 매트릭스 분석 프레임워크에 맞추어 분석하여 글로벌 경쟁환경을 분석한다.
- 첨부한 양식에 작성한 뒤에 첨부의 분석 결과 예시를 참조하여 보완을 한다.

HD 현대 인프라 코어(前 두산 인프라 코어)

HD 현대 인프라코어(약칭: 인프라코어)는 건설기계, 디젤 및 가스 엔진 등을 생산하는 종합 기계 회사로 HD 현대의 계열사이다. 2021년 두산그룹에서 현대 중공업에 매각될 당시 사명은 "두산 인프라 코어"였으며 두산 그룹이 인수합병을 통해 사업 구조를 성공적으로 완수하는데 핵심이 된 기업이기도 하다. 두산 인프라 코어의 모태인 대우 종합 기계는 건설기계, 공작기계, 산업 차량 등의 부문에서 국내 시장점유율 1위를 차지하고 있었고, 2001년 12월 기업 개선 작업(워크아웃)을 조기 졸업할 정도로 해외에서 기술력을 인정받고 있었다.

그러나, 건설 및 중장비산업은 연구, 개발 및 생산에서의 규모의 경제를 획득하지 못하면 장기적으로는 도태될 수밖에 없다. 2005년 현재 인프라코어가 갖고 있는 제품 포트폴리오는 중대형 굴삭기 중심으로 이루어져 있었고, 해외 시장 점유율

도 미미한 수준이었다. 따라서, 지속적 성장 동력을 얻기 위한 인프라 코어의 과제
는 당시 중장비 건설 시장의 트렌드에 맞게 제품 포트폴리오를 확대해야 했고 글
로벌 시장에서의 시장 점유율을 높이기 위한 판매 네트워크도 확보해야 했다.

또한 중장비 건설 시장은 운영 비용이 증가함에 따라 소유에서 임대하는 방식
으로 추세가 이동을 했다. 중장비 제조업체는 민간 계약자가 큰 비용을 지불하는
방식에서 내구성이 있는 장비를 렌트로 제공하는 장기 임대 회사의 마케팅 방식을
채용해야 했다. 이러한 마케팅 트렌드에 대응하기 위해서는 인프라코어도 판매 금
융 역량을 확보해야만 했다.

건설 중장비가 주로 장착하고 있는 디젤 엔진에 대한 EPA Tier 2 오프로드 배기
가스 규제가 2001년부터 2006년까지 발효되어 제조업체는 환경 문제를 심각하게 고
려해야 했다. 제조 회사는 또한 연료 비용과 환경 영향을 줄이기 위해 연비와 탄소
배출량에 대한 혁신을 계속해야 했다. EPA Tier 3 규정은 2006년부터 2008년까지 단
계적으로 도입될 계획이었기 때문에 인프라코어는 친환경 엔진을 신속히 개발해야
하는 과제를 해결해야만 했다. 또한 건설 장비 제조업체들은 텔레매틱스, 자동화및
자율 운전 분야에서 지속적인 연구 개발을 하고 있었다. 사물 인터넷(IoT)을 적용하
여 더 나은 기계 가동 시간과 기계 수명 주기를 내세워 마케팅을 하였고 새로운 고객
솔루션을 보장 하는 등 경쟁 우위를 확보하기 위해 치열한 노력을 경주하고 있었다.

당시 글로벌 건설 시장은 중국을 비롯한 개발 도상국 중심으로 주거용 및 상업
용 건축 공사가 빠르게 진행되면서 중장비 산업은 성장 궤도에 있었다. 또한 소형
건설 장비와 특수 장비에 대한 수요도 지속적으로 증가하는 추세였다.

인프라코어는 이러한 경쟁 환경 속에서 본원적 글로벌 경쟁력을 확보하기 위하
여 인수합병 전략을 시의적절하게 구사하였다. 2006년에는 기계 리스 금융에 특화
되어 있던 연합 캐피탈을 인수하여 임대 사업자로서 글로벌 판매 역량을 구축하였

고, 두산 메카텍의 공작기계 부문을 인수하여 제품 공급 능력을 확대하였다. 2007
년에는 중대형 굴삭기에 치중되어 있던 제품 라인업을 확대하기 위해 중국의 휠
로더 생산 업체인 연대유화기계를 인수하였다. 이로 인해 중국의 굴삭기 시장에서
시장점유율 1위를 차지하고 있던 인프라코어의 시장 지위가 확고해졌다. 또한 친
환경 엔진에 대한 원천기술을 갖고 있던 미국 CTI를 인수하여 상대적으로 취약했
던 엔진 부문을 강화했다. 인프라코어는 2007년 미국 Ingersoll Rand로부터 건설장
비 제조업체인 Bobcat을 비롯한 3개 사업부문을 인수하면서 제품 포트폴리오 강화
와 마케팅 체널확보라는 두 가지 핵심 과제에 대한 확실한 솔루션을 얻게 되었다.
Bobcat은 Skid Steer Loader와 Compact Track Loader로 대표되는 소형건설장비 시장
에서 전 세계 시장점유율 1위를 달리고 있던 내실 있는 기업이었다.

2008년 9월 독일의 지게차 업체 ATL사를 인수하였으며 12월에는 노르웨이의
Moxy Engineering을 인수하여 광산 장비 시장으로의 진출을 꾀하였다.

인프라코어의 인수합병 전략은 부실한 기업을 인수하는 것이 아니라, 피인수기
업들의 핵심 역량 확보를 목적으로 하였다. 성공적인 인수 합병 전략의 결과 중대
형 건설 장비 시장에서만 경쟁력을 갖고 있던 인프라코어는 글로벌 브랜드 Bobcat
을 가짐으로써 소형 건설 장비 시장에서도 경쟁력을 가지게 되었다. 실제로 2006년
두산인프라코어는 전 세계 건설기계 시장 점유율 17위에 불과하였으나, 2014년에는
10위로 도약했다. 또한 중국시장에 편중되어 있던 글로벌 판매 네트워크는 지역적으
로 다변화되어 미국과 유럽을 비롯한 선진국 시장에서의 입지를 강화할 수 있었다.

인프라코어는 2008년 글로벌 금융위기와 미국 및 선진국의 건설경기 침체로 인
해 유동성 위기를 겪기도 하였지만 꾸준한 연구 개발과 제품 라인업을 확장을 통
해서 2018년에는 전 세계 시장 점유율 7위를 차지하였다. 그러나 2021년 두산 그룹
의 유동성 위기로 인해서 인프라코어는 밥캣 지분을 제외하고 현재 중공업에 매각
되어 현대건설 기계와의 시너지를 모색하게 되었다.

💡 토의 과제

1. 인프라코어의 경쟁 환경을 5 Forces 모델을 활용하여 분석을 한다.
2. 인프라 코어는 글로벌 시장에서의 경쟁 열위의 포지션을 개선하기 위하여 어떤
   전략을 구사 했는지를 BCG 모델과 GE 맥킨지 매트릭스를 활용하여 설명을 하라.

품질-가격 매트릭스(Better-Cheaper matrix)

이번에는 경쟁 포지션을 확인하기 위한 품질-가격 매트릭스(Better-Cheaper matrix) 분석 방법에 대해 알아보도록 하겠다. 하버드 연구에 따르면 가격이 1% 개선되면 이익이 대략 11% 증가한다고 한다. 또한 가격 구조가 소비자의 품질 기대 수준과 맞지 않으면 판매량은 정체되고 말 것이다. 따라서 정확한 가격 책정이 중요하다. 이런 면에서 가격은 생산자가 정하는 것이 아니라 시장 수요자의 기대 수준에 따라서 정해지는 시장 경쟁의 결과 변수라고 보는 것이 합리적일 것이다. 그리고 글로벌 사업의 경쟁력 평가 관점에서도 가격과 품질의 분석이 반드시 필요하다. 품질과 가격의 어떤 조합이 우리 제품의 경쟁력을 높일 수 있는 전략인지를 생각해 볼 수 있는 기회가 될 것이다.

품질-가격 매트릭스는 품질과 가격의 상대적 수준을 상·중·하로 나누어서 9개의 셀이 만들어 지게 된다. 이를 9개의 셀은 각각 제품의 경쟁적 위치를 알려주는 동시에, 제품이 어떤 사업 전략하에 있는 지를 파악할 수 있게 해준다.

품질 경쟁 변수 (Better)	더 높음	시장 선도 전략	품질 선도 전략	챔피언 전략
	같음	가격경쟁력 확보	평균화 전략	가격 선도 전략
	더 낮음	EXIT or R&D	품질 경쟁력 확보	싸구려 전략
		더 비쌈	같음	더 쌈

가격 경쟁 변수(Cheaper)

그러면, 매트릭스의 9가지 각 셀이 의미하는 바를 살펴보자.

이코노미(Economy) 또는 싸구려로 부르는 저 품질, 저가 전략은 최고의 거래를 원하는 소비자 구미에 맞기 때문에 경제가 불안정한 시기에 기업이 생존하는 데 큰 도움이 될 수 있다. 그러나 싸구려 가격 정책은 수익성을 유지하는 데 어려움을 겪을 수 있다. 이코노미 고객은 항상 가장 낮은 가격을 찾고 있어 충성도가 낮다.

이것은 기업이 경쟁에 취약하고 이윤이 불안정해질 수 있다는 것을 의미한다. 그래서 싸구려 전략을 구사할 때에는 항상 다른 전략으로 전환을 준비하고 있어야 한다. 예를 들면, 평균적 품질의 제품으로 업그레이드하면서도 낮은 가격에 판매하는 "가격 선도 전략"으로 전환을 한다면 경쟁 우위를 지속할 수 있을 것이다.

챔피언 전략은 높은 품질 제품에 대해 인위적으로 낮은 가격을 책정하여 특별 할인 판매 이미지를 주게 된다. 이 전략은 경쟁업체로부터 시장 점유율을 뺏어 오거나 신규진입 경쟁업체에 맞서서 시장 점유율을 지켜내는데 매우 효과적인 방법이다. 신규 제품일 경우 판매량을 빠르게 늘려서 단기간에 규모의 경제도 달성할 수도 있다. 하지만 이 전략은 제품 가격이 초기에 낮게 설정되어 있기 때문에 이윤 마진이 저하될 수 있다. 그리고, 초기 가격을 너무 낮게 설정하면 브랜드가 낮은 품질로 인식될 수 있다. 그래서 단기간에 시장 지위를 확보한 후에는 가격 인상을 통해서 품질 선도 전략 또는 평균화 전략으로 전환하는 것도 준비해야 한다.

시장 선도 전략은 명품 상품에게서 자주 발견되는 프리미엄 제품 전략이다. 프리미엄 가격은 브랜드 아이덴티티를 강화하는 데 도움이 될 수 있으며 고객이 열망하는 제품의 품질로 인식될 것이다. 또한 높은 이윤을 달성할 가능성이 있다. 하지만 프리미엄 가격 책정을 하는 시장 선도 전략은 유지하기가 어렵다. 비용은 높고 판매량은 낮은 구도를 유지하기 어렵기 때문이다. 따라서 시장 선도 전략은 판매를 정확하게 예측하는 것이 중요하고 적절한 타이밍에 품질 선도 전략으로 전환을 할 수 있어야 한다.

퇴출 EXIT 또는 재개발 R&D 셀에 해당되는 제품이 있다면 이것은 대부분 경쟁사의 품질 제고와 가격 인하로 인해 자사 제품 경쟁력이 저하되었다고 판단할 수가 있다. 이 상태로는 사업적으로 지속할 의미가 없으므로 해당 산업의 매력도에 따라 퇴출을 하거나 R&D를 통한 품질 혁신이 필요하겠다.

지금까지 품질-가격 매트릭스의 각 셀을 어떻게 이해해야 하는 지에 대해 설명을 하였다.

그렇다면 글로벌 경쟁 전략을 수립해야 하는 여러분은 이 매트릭스 분석을 현업에 어떻게 적용해야 할까? 특정 글로벌 지역에서 자사 제품이나 서비스를 출시하고자 할 때, 가격과 품질 측면에서 자사 제품의 강점과 약점을 파악하고 차별적 경쟁력을 갖기 위한 전략 방향성을 찾는 것이다. 이러한 분석 과정을 현업에 적용하기 쉽게 다음과 같이 양식화 하였다.

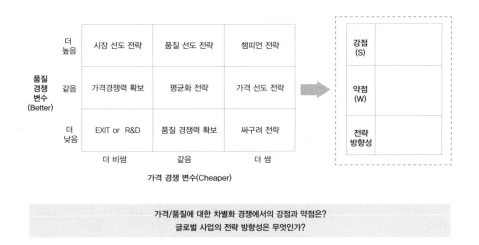

SONY 사례

이번에는 글로벌 기업인 SONY의 사례를 통해 품질-가격 매트릭스 분석이 어떻게 현업에 적용될 수 있는 지를 확인해 보도록 하겠다. SONY는 2008년 이후 2011년까지 4년 연속 적자였고 특히 2011년엔 마이너스 7조원 대의 창사 이래 최대 적자 늪에 빠졌다. 이렇게 망할 줄 알았던 SONY가 2021년 영업이익이 약 11조 원을 달성하였고, Market Cap도 21년 만의 최고치인 182조 원을 기록하게 되었다.

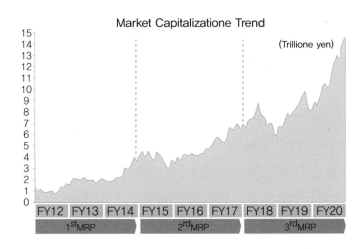

SONY의 부활이라고 말할 수 있는데, 이것은 전적으로 성공적인 글로벌 경쟁 전략 덕분이라고 할 수가 있다. 그러면 SONY는 어떤 전략을 구사했는지 분석을 해 보자.

2010년 초의 SONY는 제품의 품질 경쟁력뿐만 아니라 가격 경쟁력도 떨어지고 있어 사업적으로 위기에 빠진 상황이었다. 가전제품은 삼성전자, LG 전자, 오디오는 애플과의 경쟁으로 기존 핵심 제품들의 시장 점유율 하락하였고, 소비 추세가 가전 제품에서 모바일 기기, 컴퓨터, 로봇, 컨텐츠 등으로 이전하고 있으나, 소니는 이에 대한 준비가 충분하지 않았다.

이러한 이유로 인해서, 2010년 초에 소니의 품질 가격 매트릭스 상에 위치는 가격은 비싼데, 품질은 평균치 수준에 지나지 않는 총체적 난관에 부닥쳤다고 할 수 있겠다.

SONY Global 경쟁 전략: Better-cheaper matrix

품질 경쟁 변수 (Better)		더 비쌈	같음	더 쌈
	더 높음	시장 선도 전략	품질 선도 전략	챔피언 전략
	같음	가격경쟁력 확보 TV, Audio 가전 제품 현지 단순 조립 생산 일본 중심 부품 조달	평균화 전략	가격 선도 전략
	더 낮음	EXIT or R&D	품질 경쟁력 확보	싸구려 전략

가격 경쟁 변수(Cheaper)

품질-가격 매트릭스를 이용해 경쟁 포지션을 분석하게 되면 글로벌 시장에서의 강점과 약점을 파악할 수 있고 동시에 전략의 방향성도 발견할 수 있다고 설명하였다. SONY의 경우를 보면, 생산 기술과 브랜드 인지도는 높지만, 원가 경쟁력이 취약하고 결정적으로 미래 성장 아이템을 보유하기 못하고 있었기 때문에 위기를 맞게 된 것이다. 따라서, SONY의 전략의 방향은 원가 혁신과 프리미엄 품질 기술력 확보 및 성장 아이템의 발굴에 초점을 맞추게 된 것이다.

강점 (S)	• 고품질 생산기술 • 품질에 대한 브랜드 인지도
약점 (W)	• 환율 변동에 가격 경쟁력 취약 • 일본 생산 원가 증가 추세 • 제품 포트폴리오 취약
전략 방향성	• 원가 혁신: 공장 구조 조정 • 프리미엄 품질 기술력 확보 • 성장 아이템 발굴

　이런 전략적 방향성을 품질-가격 매트릭스로 설명을 할 수가 있다. 2010년 초의 SONY는 제품의 경쟁력도 가격 경쟁력도 떨어지고 있어 총체적 난관에 부닥친 상황이라고 하였다. SONY는 이러한 난관을 극복하기 위하여 우선은 가격 경쟁력을 확보하기 위한 평균화 전략으로 철저한 현지 생산 체제를 갖추어 나갔다. 동시에 R&D의 전략적 제휴를 강화하여 품질 선도 전략을 추진하게 된다.

　SONY를 가장 크게 변혁시킨 것은 Global 제품 포트폴리오 혁신으로 시장 선도 전략이라고 하겠다. SONY의 성공적인 글로벌 경쟁 전략을 품질-가격 매트릭스를 통해서 아래와 같이 확인할 수가 있다. 4장에서 다룰 글로벌 시장 진입 전략에서는 이러한 소니의 글로벌 전략을 좀 더 구체적으로 확인할 수가 있을 것이다.

SONY Global 경쟁 전략: Better-cheaper matrix

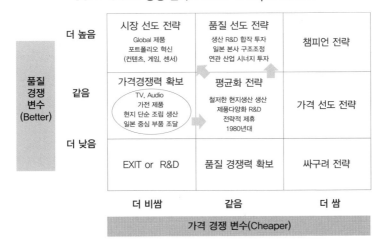

이렇게 품질-가격 매트릭스는 경쟁 포지션의 강·약점을 발견하는 것과 동시에 전략의 방향성을 구체화 하는 데에도 활용할 수 있는 경영 분석 기법이라 하겠다.

KOMATSU 사례

이번에는 일본 중장비 제조업체 코마츄 사례에 품질-가격 매트릭스를 적용해 보려고 한다.

KOMATSU는 1921년 KOMATSU시에서 유럽산 광산 장비를 위한 작은 수리점으로 출발했다. 2차 세계대전에서 일본이 패한 직후 이 회사는 중장비 전문 기술을 이용하여 건설 장비를 제조하기 시작하였고 50년대 일본 내수 시장의 성장에 힘입어 점유율 50% 이상을 차지할 정도로 발전하였다. KOMATSU는 설립 초기부터 품질 우선, 기술혁신 해외진출, 인적 자원 개발이라는 네 가지 원칙을 갖고 운영되었다. 이 원칙들이 어떻게 현실에 적용이 되었는지를 살펴보자.

품질 우선

1960년 일본 정부가 시장 개방을 할 시점에는 캐터필라 같은 선두 기업과는 경쟁이 안 되는 평범한 기술 수준으로 코마츄는 기업 존패의 위기에 몰렸다. 당시 CEO KWAWI는 불도저 품질을 세계 일류 수준으로 끌어 올리기 위한 프로젝트 A를 발족하였다. 비용을 무시하고 우선 품질을 올리기 위한 QC program을 채택하였고, 그 결과 1963년 SUPER 불도저 모델을 성공적으로 출시하였다. 내구성도 2배 이상 강화 되었고, 보증 클래임은 63%가 줄어들 정도로 품질이 업그레이드 되었다. 또한 이어서 원가 절감에 집중하였고 품질과 가격 경쟁력을 기초로 하여 캐터필라의 일본 시장 공략을 저지할 수 있었는데 코마츄는 60%, 캐터필라는 30%의 점유를 했다.

1960년대 코마츄의 해외 시장 진출은 평균 수준의 품질과 낮은 가격 수준으로 주로 동유럽, 중국, 러시아, 남미 지역에 진출하였다. 이 지역은 미국 기업들이 정치적 이슈와 경제 상황 때문에 진출하지 않은 지역으로 상대적으로 경쟁이 약한 지역이었다.

1970년대에 들어 일본 시장의 성숙에 따라 코마츄는 서유럽과 미국 시장 진출에 힘을 쏟게 된다. 그러나, 여전히 선두기업인 캐터필라에 비해 장비의 품질이 불안하였고, 유통망도 취약한 수준이라 시장 확대에 애로를 겪게 된다. 이를 극복하기 위해 CEO KAWAI는 프로젝트 B를 발족하였는데 그건 품질 향상을 제일 목표로 한 것이다. 이 프로젝트에는 TQC(Total Quality Control)개념이 도입 되었는데 생산뿐 아니라 회사의 모든 기능과 공급업체가 전부 참여하게 된다. 예를 들면 품질을 향상시키면서 비용은 10% 감소시키고 부품 수를 20% 줄이는 목표를 세웠는데 1980년까지 이 목표를 모두 달성하게 되었다.

기술 혁신

1980년대 들어 코마츄는 선두 기업에 비해서 제품 라인이 적다는 약점을 극복하기 위하여 지속적으로 신규 장비를 개발하였는데 모델 수를 77개까지 늘린 것뿐만 아니라 새로운 혁신적 기능을 추가하였다. 특히 전자 및 IT 기술을 장비에 접목하는 데 기술 리더십을 발휘하였다. 예를 들면 전자 제어 기술과 시스템을 갖춘 오프로드 덤프트럭과 유압식 굴삭기 같은 첨단 메카트로닉스 제품을 출시하였다. 이러한 기술 혁신 노력은 지속되어서 KOMAX로 알려진 GPS 안내 시스템을 장비에 장착하여 딜러들이 장비의 작동 데이터를 엑세스 할 수 있게 되었다. 1990년대에는 광산 장비로 영역을 넓혀서 독일 Mannesmann Demag 광산 굴착기 사업부의 지분을 인수하고, 광산 장비를 최적으로 운영하는 시스템 개발업체 MMS도 인수하였다.

코마츄의 기술 혁신 노력은 사내 개발과 전문기업 M&A 등 다양한 방식으로 전개되었다.

해외 진출

코마츄는 동유럽과 아시아 남미 등 수출 시장에서의 매출이 50% 비중을 차지할 정도로 성장을 하였다. 그러나 1985년 플라자 회담으로 엔화가 41% 절상되면서 코마츄는 가격 경쟁력을 상실하는 위기에 빠지게 되었다. 뿐만 아니라 선진국의 비관세 장벽도 높아져 수출 방식의 해외 진출에 심각한 도전이 되었다. 코마츄는 멕시코와 브라질에 생산기지가 있었지만 단순 조립 공장 수준이었다. 그래서 코마츄는 국내 제조 시설을 통폐합하고 일부 제품이 제조를 해외로 이전하면서 본격적인 해외 생산 기지를 구축하기 시작하였다. 1985년 미국 테네시주와 영국에 굴삭기 제조 공장을 설립하였고, 1986년에는 중국기업과 한국 대우 중공업과 라이선스 계약을 맺었다. 1988년에는 미국 Dresser와 합작 공장을 세우고 이탈리아 소형 유틸리티 장비업체인 FAI와 라이선스 계약을 맺었다. 1989년에는 독일 휠로더 제조업체인 Hanomag의 지분 64%를 인수하였다.

2006년 코마츄는 "KOMATUS WAY"라고 하는 7가지 경영원칙을 발표하였다.

> 1. 품질과 신뢰성에 대한 서약 2. 고객 중심 3. 근본적 원인 해결 4. 현장 중심 철학
> 5. 정책의 일관성 6. 동업자와의 협력 7. 인적 자원 개발

이 원칙에는 코마츄의 역사적 교훈이 담겨 있고 미래의 성장을 위한 방향성을 제시한 것이다.

지금까지 소개한 코마츄의 사례를 품질-가격 매트릭스를 통해 분석해 보자. 코마츄는 60~70년대 싸구려 전략 단계에서 가격 선도 전략, 평균화 전략, 품질 선도 전략으로 옮겨 가면서 구체적 성과를 내고 일류 기업으로 성장할 수 있었음을 확인할 수가 있다.

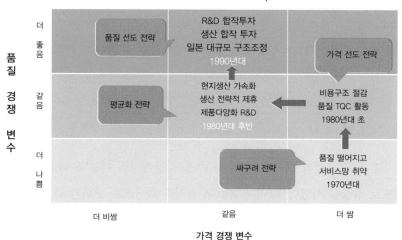

고마츄 차별적 경쟁 전략: Better-cheaper matrix

경쟁 포지션 정의 종합 실습

지금까지 이번 챕터에서는 Global 경쟁 전략 모델 IDEA의 첫 번째 단계인 경쟁적 포지션 정의(Identifying Competitive position)에 대해서 설명을 하였다. 이 과정에서 실제 글로벌 기업의 사례를 통해서 5가지 경영 분석 프레임워크를 적용하고, 경쟁 포지션을 정의했으며, 이로부터 전략적 방향성을 도출해 보았다. 5가지 분석 프레임워크는 서로 보완적으로 사용이 될 수 있고 또한 사업의 성격이나 정보의 수준에 따라서 특정 모델이 더 적합할 수가 있다. 중요한 것은 어떤 분석 프레임을 사용하였든지 기회, 위기, 강점, 약점의 SWOT 요소를 도출하여 글로벌 경쟁 전략을 도출할 수 있는 충분한 정보를 확보하는 것이다. 여러분의 현업 과제에도 이러한 분석 프레임워크를 적용하여 통찰력 있는 전략 수립의 기초를 단단하게 만들어 나간다면, IDEA 모델의 첫 번째 단계인 경쟁 포지션 정의(Identify Competitive position) 과정을 훌륭히 완수하였다고 하겠다.

이번에 실습하려고 하는 사례는 IDEA 모델 첫 단계에서 배운 5가지 분석 프레임워크를 모두 적용하여 볼 수 있는 사례이다. 내수 중심 기업이었던 삼성전자가 글로벌 일류 기업으로 성장하는 과정에서 어떤 경쟁 환경에 처해 있었고 어떤 글로벌 전략으로 시장 점유율을 확보했는지 분석을 하게 될 것이다.

- 다음의 5가지 경영기법 양식 (첨부 양식 활용)을 활용하여 삼성전자의 경쟁 포지션 분석을 한다.
- 작성한 후에 첨부에 있는 분석 결과 예시를 참조하여 보완을 한다.

상대적 시장 점유율

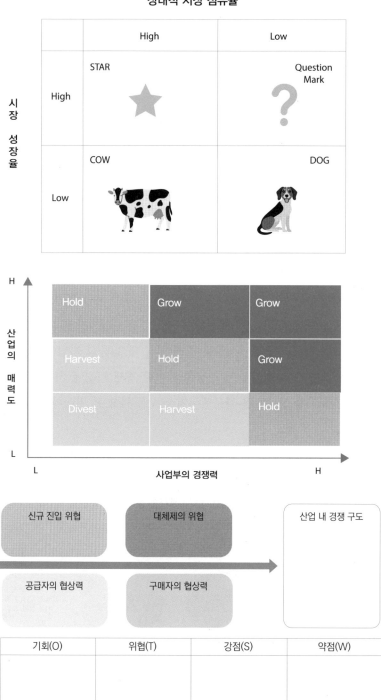

	High	Low
High	STAR	Question Mark
Low	COW	DOG

시장 성장율

H

산업의 매력도

Hold	Grow	Grow
Harvest	Hold	Grow
Divest	Harvest	Hold

L

L   사업부의 경쟁력   H

신규 진입 위협   대체제의 위협   산업 내 경쟁 구도

공급자의 협상력   구매자의 협상력

기회(O)	위협(T)	강점(S)	약점(W)

품질 경쟁 변수 (Better)	더 높음	시장 선도 전략	품질 선도 전략	챔피언 전략
	같음	가격경쟁력 확보	평균화 전략	가격 선도 전략
	더 낮음	EXIT or R&D	품질 경쟁력 확보	싸구려 전략
		더 비쌈	같음	더 쌈

가격 경쟁 변수(Cheaper)

삼성전자의 글로벌 경쟁 전략

　　1969년 창립된 삼성전자는 1970년 삼성NEC가 설립되어 백색가전 및 AV 기기의 생산을 시작하였다. 1974년에는 한국 반도체를 인수하여 반도체 사업에 진출하였고 1980년에는 한국 전자 통신을 인수하였다. 1983년에는 DRAM 사업에 진출한다는 이병철 회장의 '동경 선언'의 결실로 세계에서 3번째 64K DRAM을 개발하였다. 이때부터 메모리 반도체 부문의 투자는 1990년대와 2000년대로 이어지며 지금의 삼성전자 발전 기틀을 잡았다고 평가된다.

　　2020년 삼성전자의 연결기준 매출액은 237조 원, 영업이익은 36조 원을 달성하는 글로벌 일류 기업으로 자리 매김하였다. 현재 삼성전자를 이끌고 있는 사업 분야는 제품의 특성에 따라 3개 부문으로 나누어 독립경영을 하고 있다.

- DX 부문(Consumer Electronics, Information technology & Mobile communications)

- DS 부문(CPU, GPU 제조, 메모리 등)
- Harman 부문(전장부품사업, 사운드 스피커 등)

삼성전자의 성공을 이끌어 온 주요 사업의 성장 과정과 현재의 과제를 살펴보자.

🔆 가전 사업

현재 DX 부문에 속한 삼성전자의 가전 제품은 음향 영상 기기(AV), TV, 냉장고, 세탁기, 에어컨, 컴퓨터, 하드디스크 등의 컴퓨터 및 주변기기에 이르기까지 그 종류가 매우 다양하다. 그러나, 1969년 설립 초기에는 일본에서 대부분의 부품을 수입해 흑백 TV를 조립하는 것에서 출발하였다. 후발 주자로서 열위에 놓여있던 기술을 따라잡기 위하여 삼성전자가 채택한 전략은 적극적인 전략적 제휴였다. NEC와는 진공관과 브라운관 분야의 합작을 하였고, 산요와는 TV 핵심부품인 튜너, 편 코일, 고압 트랜스, 전해 콘덴서 등을 합작 생산하였다. 또한 코닝 글라스와는 벌브유리를 생산하기 위한 합작회사를 설립하였다. 냉장고용 컴프레서는 미국 캘비네이터와의 기술제휴로 국내 생산을 하게 되었다. 이러한 적극적인 전략적 제휴로 인하여 삼성전자는 빠르게 제품라인을 늘려가고 수출 시장에도 진출할 수가 있었다.

그러나, 1980년대만 하더라도 삼성전자는 조악한 품질의 가전 제품을 대량 생산하는 위주였고 글로벌 시장에서 크게 주목받지 못하는 기업이었다. 그 당시 세계 가전 산업은 Sony와 마츠시타 등 일본 기업들이 주도를 하고 있었다. 또한 이 시기에 세계 각국은 무역 및 규제 장벽이 매우 높았던 시기였다. 삼성전자는 무역 및 규제 장벽을 극복하기 위하여 해외 현지 생산을 선택할 수 밖에 없었다. 1986년 미국 생산법인을 필두로 하여 1987년 영국 생산법인, 1988년 태국과 멕시코 등으로 확대하면서 해외 생산 체제를 강화해 나갔다. 1991년에는 미국의 반덤핑 관련 규제로 인해 TV 직수출의 길이 막히게 되었다. 우회 수출을 위해 삼성전자는 1996년 멕시코 티후아나에 복합 공장을 설치하여 컬러 TV, VCR, 카메라, 조립 설비로 확대를 하였고 R&D 및 물류센터도 운영하고 있다. 이러한 생산 복합단지는 영국 윈야드, 말레이지아 셀렘반, 중국 천진, 브라질 마나우스로 확대해 나갔다. 생산 복합단지의 이점은 제품 간 기능이나 기술을 상호 보완할 수 있고 제품의 수직 계열화와 규모의 경제를 이룰 수가 있다.

1990년대 초까지도 삼성전자의 목표는 경쟁사인 일본 기업을 따라잡는 것이었다. 삼성전자 제품의 조악한 품질의 제품은 글로벌 시장에서 싸구려 제품으로 취급을 받고 있었다. 1993년 이건희 회장은 "신경영 운동"을 주창하며 새로운 경영 전략을 주도하였다. "양을 포기하고 질로 간다", "마누라와 자식을 빼고 다 바꾼다"는 강력한 메시지는 밀어내기 수출 방식의 양적 팽창에 주력했던 한국 기업의 관행을 깨고 기술로 승부하는 품질 경영을 하겠다는 혁신적 발상이었다. 대표적인 사례가 품질 불량이 생기면 문제를 해결할 때까지 생산을 멈추는 "라인 스톱 사례"이다. 신경영 운동을 통해서 삼성전자는 스피드와 실행력을 강조하면서 기술에 투자를 하였다. 이것은 정밀 회로와 정밀 기계 기술 같은 아날로그 기술에서 표준화된 기술 집약 부품으로 이루어진 디지털 기술 제품으로 빠르게 전환하는 계기가 되었다.

월드 베스트 전략이 핵심인 신경영 전략의 결과 삼성전자는 2006년 LCD TV, 2009년 LED TV 등 해마다 밀리언셀러 TV 제품을 탄생시켰다. 2009년 삼성전자는 3,100만 대의 평면 TV를 판매해 4년 연속 세계 시장 점유율 1위를 유지했다. 2010년 삼성의 세계 점유율은 평면 TV와 반도체 메모리에서 1위를 차지하여 일본업체들을 앞섰다.

삼성전자는 제조 비용의 절감 및 글로벌 지역 시장의 성장에 빠른 대응을 위하여서도 해외 공장 설립을 강화하게 된다. 이러한 해외 공장의 설립은 가격 경쟁력이 강화되는 것뿐만 아니라 국제 분업 시스템의 확립으로 인해 국내 본사가 혁신 기능에 집중할 수 있는 이점도 있다. 또한, 경쟁 구도 측면에서도 해외 공장 진출이 현지 업체 및 글로벌 경쟁업체들과 차별적 강점을 갖게 하고, 지속적 경쟁력 강화에도 도움이 된다.

삼성전자는 중국·베트남·폴란드·멕시코·미국 등 해외 9개국에서 가전 제품을 생산하고 있으며 현지 판매용 중저가 제품이 주력이다.

삼성전자 해외 주요 '생활 가전' 공장 현황

장소(가동 연도)
제조 제품

폴란드(2010)
냉장고·세탁기

중국(1995)
냉장고·세탁기·에어컨 등

미국(2018)
세탁기

베트남(2016)
냉장고·세탁기 등

멕시코(2003)
냉장고·세탁기 등

인도(2003)
냉장고·세탁기·
에어컨 등

태국(1995)
냉장고·세탁기·
에어컨 등

말레이시아(1991)
전자레인지·
쿡탑 등

브라질(2010)
에어컨

(출처, 조선biz 2019.8.2)

그런데 삼성전자는 "해외 현지 생산"이라는 전략에서 또 다른 "해외 위탁 생산" 전략으로 변신을 꾀하고 있다. 위탁 생산은 제조를 잘하는 기업을 찾아서 생산을 맡기는 방식으로 생산 시설 하나없이 세계 최고의 스마트폰 업체가 된 애플식 모델이다. 공장 해외 이전이 1차 비용 절감 과정이었다면, 해외 위탁 생산은 2차 비용 절감으로 삼성전자의 가격 경쟁력을 강화해 줄 것으로 기대되고 있다. 위탁 생산 방식이 현실화 되면 삼성전자는 연구 개발과 디자인, 마케팅에 주력할 수 있게 될 것이다.

휴대폰 사업

삼성전자는 1988년 SH-100을 출시하며 휴대폰 시장에 진출을 하였다. 1996년에는 세계 최초로 CDMA를 상용화한 SCH-100을 내놓았다. 이후에도 세계 최초라 할 수 있는 혁신적 폰을 지속적으로 출시하게 된다. 1999년 mp3와 32메가 내장 메모리를 갖춘 SPH-M2500폰, 2000년에는 카메라를 내장한 SCH-V200폰, 2004년에는 SCH-V500 DMB폰을 출시하게 되며, 이 제품들에는 모두 세계 최초라는 수식어가 붙어 다녔다.

2006년에는 풀터치 스크린을 갖춘 F700 스마트폰을 내놓으면서 본격적인 스마트폰 시대를 열었다.

삼성은 2007년에는 휴대폰 부문에서 모토로라를 누르고 세계 2위의 핸드폰 제조업체에 등재되었다. 애플의 아이폰을 필두로 스마트폰 시장이 폭발적으로 확대되자 삼성전자는 소위 패스트 팔로워(Fast Follower) 전략을 사용하여 2009년 애플의 iPhone에 대항하는 Android폰을 2009년에 최초로 출시하였고, 2010년에는 7인치 갤럭시 탭을 애플의 아이패드보다 먼저 내놓았으며, 갤럭시 S 시리즈를 출시하기 시작하였다.

이와 같이 삼성전자는 세계 휴대폰 시장에서 혁신 기업이자 주도기업으로 자리잡게 되었고, 2009년에는 북미 지역 시장 점유율 1위, 유럽 시장 점유율 25% 상회 등 선진 시장에서 지속적인 성장을 했고, 신흥 시장에서는 제품 경쟁력 및 브랜드 인지도를 바탕으로 시장을 파고들었다. 스마트폰 시장에 본격적으로 뛰어든 지 2년만인 2011년 3/4분기 스마트폰 세계 1위에 오른 삼성전자는, 2012년 노키아와 애플을 제치고 전체 휴대 전화 점유율 1위를 하게 된다.

그러나, 2013년 판매호조를 보이던 스마트폰 사업은 2014년 들어 급격하게 수익이 악화되었다. 이는 스마트폰 시장이 더 이상 성장하지 못하고 있고, 기술의 상향 평준화로 샤오미 등 중국 업체들과의 경쟁 또한 심화되고 있기 때문이다. 2021년 1분기 전 세계 매출 기준 스마트 폰 점유율도 17.5%로 45%를 차지하고 있는 애플에 크게 뒤쳐져 있다.

앞으로 휴대폰 사업의 과제는 중국 업체와의 가격 경쟁력에서 우위를 점할 수 있는 생산 전략을 찾아내는 것과 차별적 경쟁력을 확보할 수 있는 혁신적 제품을 개발하는 것이다.

삼성전자는 선명하고 깔끔한 화질을 보여 줄 수 있는 디스플레이 화질 경쟁이 중요한 화두로 떠오르고 있는 AM OLED폰으로 '휴대 전화 화질 경쟁' 트렌드 경쟁을 벌이고 있다.

⬩ 반도체 사업

삼성전자의 반도체는 전 세계적으로 TV와 휴대폰, 컴퓨터는 물론 각종 전자제품에 광범위하게 사용되고 있으며 경쟁사인 애플도 삼성전자에서 메모리를 공급받고 있다. 반도체 불모지에서 이러한 입지에 오르기까지 삼성전자의 반도체 역사는 혁신의 역사라고 할 수가 있겠다.

　삼성전자는 1992년 64M D램을 최초로 개발, 마침내 세계 최고의 기술력을 확보했으며, 1993년에는 드디어 메모리반도체 세계 1위로 올라섰다. 1994년, 1996년 256M과 1G D램을 연속 최초 개발, 반도체를 한국의 대표산업으로 키웠다. 2002년에는 낸드 플래시 세계 1위에 올랐으며 2006년 세계 최초 50나노 D램과 2007년 30나노 낸드 등을 최초로 내놓으면서 삼성전자는 메모리 업계 점유율 30%가 넘는 절대강자로 군림하였다. 삼성전자는 2010년 들어서도 '세계 최초' 기록을 계속 이어가며 30나노급 D램 양산을 하게 되었다. 삼성전자는 2010년 반도체에 대한 투자 규모를 11조 원으로, 특히 메모리반도체 시설투자를 9조 원으로 늘렸다. 또한 2010년 삼성전자는 메모리에 이어 파운드리 사업을 반도체 성장의 새로운 기둥으로 삼기 위해 공격적 투자를 하기 시작하였고, 2011년 20나노급 반도체를 생산하였다.

　이제 반도체 산업이 한국을 먹여 살린다는 생각은 상식처럼 통한다. 그러나 한국은 반도체 중 메모리 부분에 58%의 시장 점유를 갖고 있지만 CPU, GPU, AP, 이미지 센서 등 시스템반도체 분야에서는 아직도 후발 주자에 머무르고 있다. 메모리반도체 시장 규모가 2019년 1,651억 달러인데 비해서 시스템반도체 시장 규모는 메모리의 2배인 3,129억 달러이다. 더구나 메모리반도체의 수익성은 시스템반도체를 따라가지 못한다.

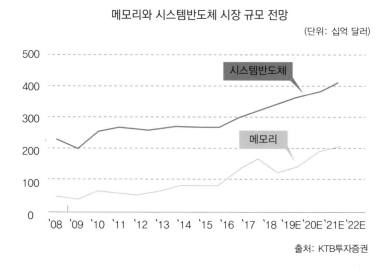

메모리와 시스템반도체 시장 규모 전망

(단위: 십억 달러)

출처: KTB투자증권

삼성전자는 메모리반도체뿐 아니라, 팹리스, 파운드리, 센서 등 반도체의 모든 분야를 동시에 지향하는 세계 유일의 종합 반도체 기업(IDM)이다. 중국 반도체 기업의 추격과 TSMC의 경쟁 우위를 극복하기 위해서는 혁신적 기술에 대한 투자가 광범위하게 이루어져야 한다.

삼성전자의 반도체(DS) 부문은 파운드리(반도체 위탁생산) 사업 기반을 확대하기 위해 다수의 인수합병(M&A)을 준비 중인 것으로 알려졌다. 특히 최근 반도체업계에서 패키징(포장)을 비롯한 후공정(OSAT) 기술력의 중요성이 두드러지고 있어 미국계 기업이자 세계 2위 패키징 기업인 앰코(AMKOR)를 비롯해 크고 작은 기업들이 M&A 대상으로 검토되고 있는 것으로 알려졌다.

또한 최근 주목받고 있는 자동차용 반도체, 인공지능(AI), 사물 인터넷(IoT), 확장 현실(XR) 등은 분야에 따른 전문화 추세가 강해지고 있다. 단기간에 시장 점유율을 끌어올리는 동시에 각종 반도체 IP를 확보하기 위해서는 M&A가 효과적인 전략적 대안이 될 수가 있다.

삼성전자는 한국, 중국(쑤저우), 미국(오스틴)을 반도체 3극 전략 체계로 삼아 집중적인 투자를 하고 있다. 최근 미중 간에 정치적 갈등과 미국의 반도체 기술 보호 정책이 심화되면서 삼성전자는 미국에 투자를 늘려가는 추세이다. 삼성전자는 현재 오스틴에 있는 반도체 공장 2곳 이외에도, 향후 20년간 미국 현지 반도체 공장에 총 1,921억 달러(약 252조 원)를 투자한다는 중장기 계획을 미국 주정부에 제출했다. 이번 신청서에 담긴 투자 계획이 모두 현실화하면 삼성전자는 미국에만 14개의 반도체 생산라인을 갖게 된다. 삼성전자는 2034년경을 시작으로 10년간 순차적으로 11개의 신공장을 완공할 계획이다. 이를 통해 일자리 1만 개가 추가 창출될 것으로 예상된다. 특히 '한미 반도체 동맹'이 더욱 견고해질 수 있다는 분석이 나온다.

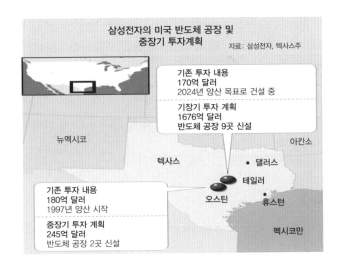

삼성전자의 미국 반도체 공장 및
중장기 투자계획
자료: 삼성전자, 텍사스주

기존 투자 내용
170억 달러
2024년 양산 목표로 건설 중

기장기 투자 계획
1676억 달러
반도체 공장 9곳 신설

뉴멕시코
아칸소
텍사스 • 댈러스
테일러
오스틴 휴스턴

기존 투자 내용
180억 달러
1997년 양산 시작

중장기 투자 계획
245억 달러
반도체 공장 2곳 신설

멕시코만

2020년대 도전과 과제

1997년 IMF 위기 때에 국내외 전문가들은 삼성전자에 선택과 집중을 제언하면서 반도체 이외의 사업을 정리할 것을 권고하였다. 그러나, 삼성전자는 다각화 전략을 유지하였고, 앞에서 살펴본 바와 같이 삼성전자는 가전, 휴대폰, 반도체 분야에서 혁신적 제품을 잇달아 출시하면서 글로벌 일류 기업으로 성장을 하였다.

그러나, 삼성전자가 현재 직면한 경쟁 환경은 어느 때보다도 도전적이고 위협적이다. 미중 갈등과 우크라이나 전쟁 등 패권주의로 인한 글로벌 경제의 위기뿐 아니라 혁신적 기술의 발전 속도가 가속화 되어 제품 우위를 유지하기도 어려운 상황이다.

삼성전자의 앞으로의 과제는 크게 세 가지로 요약될 수가 있겠다.

우선은 소프트웨어의 경쟁력 확보가 절실하다. 삼성전자는 2010년대 후반부터 M&A를 통한 혁신적 기술 확보에 주력해서, 홈 네트워크, 사물 인터넷, 클라우드 서비스, 모바일 결재 플랫폼, AI플랫폼, 커넥티드카 전장 기술, 마그네틱 보안 전송기술, 자율주행 등 분야에 역량을 확보해 나가고 있다. 제일 큰 규모는 2016년 Harman을 8조 원에 인수하며, connected car solution 사업을 강화하였다. 인수합병은 미국을 포함 9개 국가에서 이루어졌고, 주 인수 대상은 인터넷 소프트웨어와 서비스 사업분야로 47% 비중을 차지한다.

삼성전자는 반도체를 이어갈 미래 성장 사업 발굴에도 노력을 경주해야 한다. 최근에 인공지능, 5G, 바이오 사업 등에 25조 원을 투자하는 청사진을 발표하기도 하였다.

또한 삼성전자는 글로벌 경영 시스템을 정착하는 것도 중요한 과제이다. 삼성 문화라고 알려진 획일적이고 관리적 문화에서 창의적이고 혁신적인 조직 문화로의 변화가 필요한 시점이다.

💡 토의 과제

1. 삼성전자가 소프트웨어 사업을 확대하고 글로벌화를 공고히 하기 위한 구체적 실행 방안은 무엇인가?
2. 삼성전자가 기존의 강점인 스피드와 실행력을 소프트웨어 사업과 글로벌화에 어떻게 접목할 수 있을까?

(참고 문헌: "삼성전자의 국제화에 대한 고찰" 한국경영교육학회, "삼성전자 40년 도전과 창조의 역사" 삼성전자, "글로벌 경영" 장세진 저.)

Chapter 03

차별적 경쟁 전략 수립
(Differentiation Strategy)

NETFLIX 의 글로벌 경쟁 전략

　1997년 비디오와 DVD를 우편, 택배로 배달하는 영화 대여 사업으로 시작한 넷플릭스는 그로부터 10년 뒤인 2007년 인터넷 스트리밍 서비스를 시작했다. 한 달에 적게는 7.99달러만 내면 영화와 TV 프로그램 같은 영상 콘텐츠를 마음껏 볼 수 있는 온라인 동영상 스트리밍 서비스이다. 인터넷이 연결돼 있는 거의 모든 플랫폼에서 넷플릭스를 볼 수 있다. 윈도우 PC와 매킨토시, X박스360, 플레이스테이션3, 닌텐도 위, 애플TV, 아이패드, 아이폰, 구글TV 등 다양한 시청 환경을 지원한다.

　오늘날 Netflix는 190개 이상의 국가에서 1억 8,300만 명의 유료 멤버십을 보유한 세계 최고의 스트리밍 엔터테인먼트 서비스 중 하나로 다양한 장르와 언어로 TV 시리즈, 다큐멘터리 및 장편 영화를 제공한다. Netflix는 Forbes의 "2019년 상위 100대 디지털 기업" 목록에서 47위에 올랐으며, "2019년 세계에서 가장 가치 있는 브랜드"에서 38위에 올랐다.

전 세계 비디오 스트리밍 시장 규모는 2019년에 426억 달러로 평가된다. 스트리밍 품질을 개선하기 위한 기술의 지속적인 혁신을 고려할 때 시장은 계속 성장할 것으로 예상이 된다. 2019년 현재 이 업계에서 100개가 넘는 업체가 서로 경쟁하고 있다.

넷플릭스가 비디오 스트리밍 업계에서 글로벌 선두 업체로 성장하는데 원동력이 된 넷플릭스의 차별적 경쟁 전략을 하나씩 살펴보려고 한다.

글로벌 현지화 전략

Netflix의 글로벌 시장 진입 동기는 미국 내수 시장의 성장 둔화와 경쟁 심화로 인해 신규 가입 증가율이 떨어지면서 새로운 고객 기반에 접근하고 업계 선두를 유지하기 위한 것이었다. Netflix는 2010년까지도 미국에서만 사용될 수가 있었는데 2020년 현재 190개 이상의 국가에서 운영되고 있으며 미국 이외 지역에 가입자 및 매출 비중이 50% 이상을 차지하고 있다. Netflix는 글로벌 시장 진입 전략으로 글로벌 현지화 방식(Glocalizaiton)을 채택하였다. Netflix는 지리적, 문화적으로 가까운 국가에서 시작해서 점차 넓혀나가는 단계적 글로벌 확장을 하였다. 초기 국제 확장은 2010년에 캐나다로 진입하였고 이곳에서의 성공에 자신감을 얻은 Netflix는 주로 라틴 아메리카와 서유럽에 있는 다른 43개국에 서비스를 제공했다. 이를 통해 회사는 현지 회사 및 이해 관계자와의 파트너십에 대해 경험을 축적했고 다양한 시장에서 다양한 소비자 행동을 연구할 수 있었다. Netflix는 이어서 나머지 글로벌 시장까지 진출을 확대하였는데 이 과정에서 넷플릭스는 사람들이 선호하는 콘텐츠, 사람들이 반응하는 마케팅, 글로벌 경영을 하기 위한 조직 운영 등에 대한 노하우를 축적할 수가 있었다.

넷플릭스는 세계적으로 동일한 제품과 서비스를 제공하지만 현지 소비자에게 맞춤형 콘텐츠를 제공하고 현지의 사회 문화적 환경에 맞게 마케팅을 전개한다. 넷플릭스는 여러 지역에 진출하는 과정에서 해당 지역에 맞는 현지화 정책을 펼쳤다. 컨텐츠를 현지의 기준에 따라 분류하고 번역 서비스를 자체적으로 제공하고 시청 연령을 조정하였다. 또 결제 방식을 각 국가별로 다르게 하여 사용자의 접근성을 높이는 맞춤형 서비스를 제공하였다. 예를 들면 월간 구독료로 무제한 콘텐츠를 보고 넷플릭스 서비스 플랫폼을 사용하는 것은 모든 시장에서 동일하게 제공된다. 동시에 Netflix는 외국어 컨텐츠를 현지어로 번역하여 제공을 한다. 또한 특정 시장에 맞춤형으로 현지 콘텐츠를 제작하기도 한다. 예를 들어, 한국에서 Netflix는 한국 비디오 프로듀서인 Studio Dragon과 전략적 파트너십을 체결하고 다수의 컨텐츠를 제작했다. 이중에는 "더 글로리1, 2", "우리들의 블루스", "환혼 1, 2" 등과 같이 넷플릭스 글로벌 톱10에 오른 10개 이상의 컨텐츠가 있을 정도로 성공적이었다.

또한 Netflix 현지 시장의 특성과 정부 규제 정책에 따라 다른 형태로 소비자에게 컨텐츠를 제공하였다. 예를 들면 중국은 엄격한 데이터 및 검열 규정을 가지고 있기 때문에 현지 기업인 iQiyi.com과의 라이선스 계약을 통해 중국 시장에 오리지널 콘텐츠를 선보였다. 일본에 진입할 때는 일본 탤런트 에이전시 Yoshimoto Kogyo와 제휴하여 독점 현지 쇼를 제작하고 일정 기간 동안 프로그램에 대한 독점 스트리밍 권한과 제작 비용을 지원하였다. 태국에서 Netflix는 태국 모바일 네트워크 AIS(Advanced Info Service)와 제휴하여 AIS가 고객에게 독점 엔터테인먼트를 제공하는 동시에 Netflix의 국제 확장을 홍보할 수 있도록 했다.

🔆 빅데이터 전략

넷플릭스의 또 다른 중요한 사업 전략은 **빅데이터를 활용한 마케팅 전략**이다. 넷플릭스는 빅데이터 분석을 통해 가입자의 콘텐츠 기호를 파악하고 여기에 맞는 컨텐츠를 추천하는 서비스를 제공하고 있다. 넷플릭스는 하루 평균 3천만 건의 동영상 재생 기록과 20억 이상의 동영상 시청 데이터, 수십억 건의 SNS정보, 개별 소비자가 선호하는 영상물의 특징까지 데이터 베이스로 갖고 있다. 넷플릭스는 자사 서비스 가입자들로부터 얻은 이런 방대한 데이터를 기반으로 퀀텀 이론(Quatum Theory)이라고 불리는 추천 알고리즘을 활용한다. 이 추천 알고리즘은 전체 매출의

60%를 만들어 내는 핵심역량이다. 넷플릭스는 알고리즘 개선을 위해 지속적인 투자를 하고 있는데 예를 들면 "넷플릭스 프라이즈"가 있다. 외부 전문가 중에서 알고리즘의 10% 개선을 하면 100만 달러를 상금으로 주는 프로그램이다. 업계에서도 아마존의 프라임 비디오, 국내 기업인 와차(Watcha), 애플 TV+ 등 추천 알고리즘 경쟁이 매우 치열하다. 인공 지능을 활용한 더 효과적인 추천 알고리즘을 개발하는 것이 차별적 경쟁력을 갖게 해줄 것이다.

💡 콘텐츠 전략

넷플릭스 가장 큰 강점이자 중요한 사업 전략은 **소비자 맞춤형 컨텐츠 확보 전략**일 것이다.

넷플릭스의 직접적 경쟁사인 월트디즈니가 20th Century Fox를 인수하고 Amazon이 MGM을 인수하여 컨텐츠 라이브러리와 IP를 강화한 것은 넷플릭스에게 큰 도전장을 낸 것과도 같다. 넷플릭스 또한 특정 콘텐츠를 독점으로 판매하는 라이선스와 IP를 얻기 위하여 노력을 집중하였는데 최근 일련의 컨텐츠 인수 과정에서 이를 확인할 수가 있다.

2017년 DC와 Marvel 콘텐츠 작가로 유명한 Mark Miller의 회사 Millarworld를 인수하여 지금까지 넷플릭스 오리지날 시리즈 2편과 8개 이상의 만화 컨텐츠를 출시하였다. 2019년에는 키즈 컨텐츠 StroyBots 프랜차이즈를 인수해서 Storbot 시리즈를 출시하고 있다. 2012년에는 어린이 동화책 작가인 Roald Dahl의 The Roald Dahl Story company와 계약을 맺어 퍼블리싱 권한을 갖게 되었다. 2021년에는 넷플릭스 오리지날 컨텐츠를 다수 함께 제작한 Scanline VFX를 인수하면서 자체 컨텐츠 제작 역량을 강화하였다. 넷플릭스는 게임 분야에서도 컨텐츠 확보를 위한 인수합병을 지속하였는데 2021년에는 Night School Studio를 인수하였고, 2022년에는 모바일 게임 스튜디오 Next Game, "Dungeon Boss" 게임으로 잘 알려진 게임 스튜디오 Boss Fight, "Road not taken"을 만든 Spry Fox를 인수하였다.

넷플릭스는 인수, 라이선스, 자체 제작 등 다양한 방식을 통해 컨텐츠 확보에 노력을 집중하고 있으며 현재 4,200만 이상의 컨텐츠를 보유하고 있다. 컨텐츠의 분야도 영화뿐만 아니라 게임, 교육, 등 다양하게 확대를 모색하고 있어 컨텐츠로부터 차별적 경쟁력을 유지하기 위해 노력하고 있다.

이러한 Netflix의 차별적 경쟁 전략은 스트리밍 주문형 비디오 분야의 선구자 First mover 이점을 갖게 해 주었다. 이로 인해 회사는 글로벌 운영 규모로 인해 규모의 경제 혜택도 누릴 수 있다.

💡 약점과 위협

그러나, 넷플릭스의 사업 모델 또한 약점들이 있는 데 인터넷 네트워크 사업자에 대한 의존도가 높다는 것이다. 소비자는 인터넷에 연결 속도를 매우 중요하게 여기는 데 특정 지역에서 인터넷 연결이 되지 않거나 느리면 Netflix에서 서비스를 제공할 수 없다. 스트리밍 산업 전체가 스트리밍의 기술적 발전에 크게 의존하고 있다. 인터넷 범위, 속도 및 용량 등이 모두 시청자의 접근성과 스트리밍 품질에 직접적인 영향을 미친다. 따라서 Netflix는 진입하는 다양한 시장의 스트리밍 기술 수준을 고려해야 한다.

또 다른 약점은 오리지널 콘텐츠는 시청자의 관심을 끌지만 영화 및 시리즈 제작 비용이 높아 Netflix의 운영 비용이 증가한다. 게다가 비즈니스 모델은 복사하기 쉬워서 직접적인 경쟁업체가 많이 등장할 수 있다는 점이다. 넷플릭스가 글로벌로 사업을 확장할 때 가장 큰 위협은 Netflix가 시장에 진입하는 것을 막거나 사업 활동을 제한하는 정부 규제들이다. 예를 들어 EU는 Netflix와 같은 서비스에 대한 새로운 규칙을 도입하여 서비스의 30% 이상이 유럽 생산으로 구성되도록 했다. 중국은 컨텐츠에 대한 검열 규정이 심하여 직접적인 컨텐츠 공급이 불가능하다. Netflix는 미국에 기반을 둔 회사이므로 미국과 다른 국가 간의 국제 정치 및 경제 관계가 회사 확장에 영향을 미칠 수 있다. 또한 특정 시장에 콘텐츠를 출시하려고 할 때 정치적 상황을 고려해야 하고, 전 세계 여러 국가에서 운영되기 때문에 불리한 환율 변동이 수익에 영향을 미칠 수 있다.

이렇게 넷플릭스가 직면한 사업의 경쟁 환경은 녹녹치 않고 스트리밍 서비스 사업에 참여하고 있는 100개 이상의 글로벌 및 로컬 플레이어 간의 경쟁도 매우 치열하다. 이런 한계를 극복하고 차별적 경쟁력을 유지하기 위해서 Netflix는 위에서 언급한 차별적 사업 전략을 더욱 강화하고, 글로벌 마케팅 노력과 고객 맞춤형 콘텐츠를 확대하여 다양한 배경과 문화의 시청자를 유치해야만 하고 새로운 수입원들을 찾아야 한다. 예를 들면 Netflix는 광고에서 새로운 수익원을 탐색할 수 있다.

요즘 TV 광고 산업의 가치가 700억 달러가 넘는다는 점을 감안할 때 거기에는 엄청난 수익 잠재력이 있다. 또한 전 세계적으로 콘텐츠 제공업체 및 제작자 모두와 파트너십을 강화하여 경쟁력을 더 강화할 수 있는 기회를 잡아야 할 것이다.

Netflix는 가입자 기반을 확대하기 위해 아직 개척하지 않은 시장에 진입하기 위한 시도를 지속해야 한다. 예를 들어, Netflix는 아직 중국에 직접 진출하지 않았는데, 이는 시장 규모를 고려할 때 엄청난 기회가 될 것이다.

💡 중국 진입 전략

중국은 많은 기업과 산업에 있어 매력적인 시장이다. 비디오 스트리밍 산업도 예외는 아니다. 인구와 경제 규모로 인해 중국의 비디오 스트리밍 산업 수익은 미국에 이어 세계에서 두 번째로 높은 19억 2,600만 달러에 이를 것으로 예상된다. Netflix는 190개 이상의 국가에서 사용할 수 있지만 아직 중국 시장에 진입을 하지 못한 이유는 정부가 소비자가 보는 콘텐츠를 통제하고 현지 플레이어를 보호하는 정책을 쓰고 있기 때문이다. 그래서 다른 국가, 특히 미디어 및 엔터테인먼트 회사가 진출하기 더 어려운 것으로 알려져 있다. 예를 들면 중국정부의 검열 정책은 현재 방영 중인 TV쇼는 전체 시즌이 종영 되기 전까지 실시간 방영이 어려우며, TV쇼의 경우는 반드시 검열 후 송출 승인을 획득해야 하는데, 지나치게 폭력적이거나, 성적으로 묘사되어 있거나 공산당에 대해 비방적 성격을 지녔다고 간주되는 컨텐츠의 경우 퇴출 당할 수도 있다.

넷플릭스가 중국에서 꾸준히 그리고 나름 진정성을 가지고 중국 시장의 문을 두드리고 있는 것은 분명해 보인다. 넷플릭스의 CEO, 리드 헤이스팅스(Reed Hastings)는 RE/CODE와 CES 2016에서 가진 인터뷰에서 다음과 같이 밝혔다. "중국 진출을 위해 SARFT와 협의 중이다(중국의 미디어 정책 규제를 담당하는 광파전영전시총국, The State Administration of Press, Publication, Radio, Film and Television). 중국에서 단기가 아닌 장기적으로 사업을 하기 위해선 관계 구축에 많은 시간과 투자가 필요하다" 또한 성공적으로 중국에 진출했다고 평가 받는 애플 및 마이크로소프트를 예를 들며, "엔터테인먼트 분야의 대표적인 소비자 서비스(consumer brand)로써, 디즈니나 스타벅스와 같은 행보를 계획하고 있다"라고 밝혔다. 이러한 계획의 일환으로 넷플릭스는 와호장룡 2(Crouching Tiger, Hidden Dragon: Sword of Destiny)를 북경에서 상영하기 위한 허가를 발급받았고 알리바바와 미키마우스 모양의 스트리밍 기기를 발표한 바 있다. 넷플릭스는 아직 잠재적 파트너의 여부에 대해 함구하고 있는 상황인데 최근 알리바바가 자체적인 비디오 스트리밍 서비스인 TBO(Tmall Box Office)를 월 $6, 연간 $57에 발표한 바 있어 중국 내 파트너십은 더욱 미궁 속에 빠진 상황이다.

분명한 것은 넷플릭스의 중국 진출이 다른 국가와는 사뭇 다른 방식으로 이뤄질 것이며, 지방 정부, 규제 당국 및 중국 내 파트너를 통해 다각적인 검토가 진행되고 있다는 점이다. 넷플릭스는 과거 중국 내 Sohu와 미드 하우스 오브 카드(House of Cards)의 독점 계약과 관련된 파트너십을 맺은 바 있다. 또한 Netflix는 중국 최대 동영상 스트리밍 서비스 중 하나인 iQiyi.com과의 라이선스 계약을 통해 원래 제작한 콘텐츠를 중국에 소개한 적이 있다. 이를 통해 넷플릭스는 중국 시장을 더 잘 이해하고 현지 소비자들에게 간접적으로 자신을 소개할 수 있었다.

iQiyi.com과의 파트너십은 종료되었지만 Netflix가 더 많은 시청자에게 콘텐츠를 소개하기 위해 파트너십을 맺을 수 있는 다른 많은 잠재적 현지 파트너가 있다. 예를 들어 Youku와 Tencent Video는 iQiyi에 필적하는 다른 대형 스트리밍 서비스 사업자다. Netflix는 또한 다른 시장에서 했던 것처럼 통신 및 휴대폰 회사와 같은 유관 산업에 있는 회사와 파트너 관계를 맺을 수도 있다. 이런 파트너십은 넷플릭스가 소비자에게 더 많이 알려지게 되는 기회가 될 것이다. 또한 현지 파트너와의 돈독하게 구축된 관계는 결국 정부 기관 및 규제 기관이 진입 규제를 완화시킬 수 있도록 하는 데 도움이 될 것이다. 예를 들어, 한국에서 Netflix는 삼성전자와 파트너십을 맺었다. 이를 통해 Netflix는 삼성 디바이스와의 스트리밍 서비스를 개선할 수 있는 반면, 삼성은 Netflix의 대규모 사용자 기반을 휴대폰 마케팅에 유리하게 활용할 수 있다. 한국에서의 파트너십 경험을 통해 Netflix는 중국의 전자 제품 업체 Huawei와 제휴하여 동일한 접근 방식을 취할 수 있다. 이와 같이 파트너십 전략은 넷플릭스가 중국 시장에 진출할 때 정치적 위험을 완화하는 데 도움이 될 것이다.

넷플릭스는 또한 중국 소비자의 요구와 관심에 맞는 콘텐츠를 만들어야 한다. 예를 들어, 한국에서 Netflix는 특히 한국 소비자에게 매력적인 독창적인 콘텐츠를 제작하기 위해 현지 프로덕션 스튜디오와 제휴를 하였다.

잠재적인 수익 규모를 고려할 때 중국은 여전히 잠재력이 높은 시장이므로 중국 진출에는 시간과 현지 콘텐츠에 대한 투자가 필요하다. 그러나 특히 미국에서 일어난 것처럼 다른 시장의 경쟁업체가 계속 증가하면 Netflix의 고객 기반 성장이 둔화될 수도 있다. 따라서 Netflix가 최초의 국제 비디오 스트리밍 회사가 되어서 선점자 first mover의 이점을 얻을 수 있다면 성장하는 시장으로부터 큰 이익을 얻을 수 있을 것이다.

Netflix의 빠른 국제 비즈니스 확장과 현지 시장 진출 능력은 국제화 성공의 모델이다. 현지 기업과의 제휴 및 각 시장에 맞게 컨텐츠를 현지화하는 회사의 접근 방식은 경쟁 우위를 만들 수가 있었다. 따라서 Netflix는 기존 파트너십을 계속 강화하고 신규 파트너십 구축을 추진해야 한다. 현지 기업의 파트너십 전략을 통해 넷플릭스는 글로벌 시장에서 직면한 위험을 완화 및 방지하고 경쟁력을 유지할 수 있을 것이다.

Netflix가 계속 탐색해야 할 중국처럼 큰 잠재력을 가진 손길이 닿지 않은 시장이 있다. Netflix는 국제화 전략을 통해 수년 동안 기하급수적인 성장을 경험했지만 해당 시장이 성숙함에 따라 미래에는 성장이 둔화 될 수가 있다. 따라서 성장을 지속하려면 향후 새로운 시장, 특히 큰 경제적 수익을 제공하는 시장으로 확장해 가야 한다.

(출처: DBpia, 한국예술연구 2019, 제25호. "영화산업에서 빅데이터 활용방안 연구" 김진욱, EUrASEAN 글로벌 사회 경제적 역학에 관한 저널 6권, "넷플릭스 국제 비즈니스 사례연구: Irina Onyusheva", Sendbird.com Oct 21, 2017 "넷플릭스의 중국 진출, 현재 상황과 그 속내는?")

이번 장에서는 글로벌 경쟁 전략 모델인 IDEA의 두 번째 단계인 차별화 전략 수립 과정(Differentiation Strategy)에 대해 살펴보겠다. IDEA 첫 번째 단계에서는 경쟁 포지션 정의를 통해 강·약점과 기회, 위협(SWOT)의 각 4가지 요소를 도출하였다. 이번에는 이것을 활용해서 SWOT 전략 매트릭스를 통해서 차별적 경쟁 전략을 수립하는 방법에 대해서 살펴보고 사례를 통해서 실제 현장에서 어떻게 적용이 되는 지를 소개하려고 한다. 먼저 차별화 전략에 대한 이해를 돕기 위하여 차별화 전략이 무엇인지를 설명하고, 차별화 전략을 수립하는 기법과 그 적용 사례를 설명하도록 하겠다.

차별화 전략이란

차별화 전략은 제품이나 서비스가 경쟁적인 에코시스템 내에 존재하는 경우, 경쟁 우위를 확보할 방법을 찾아가는 것이다. 기업의 차별화 전략은 사업을 다른 경쟁사들과 색다르고 특별하게 만든다. 그래서, 고객들이 경쟁사를 제치고 나의 제품과 서비스를 선택하게 만드는 것이다. 이러한 전략은 산업 내의 치열한 경쟁 상황 때문에 발생하며, 마이클 포터 하버드대 교수가 지적한 바와 같이 시장에서 남다르고 수익성을 얻기 위한 투쟁 전략이기도 하다. "Struggle to attain a profitable, unique position in the market."

제품의 차별화는 경쟁업체와 외관, 기능, 가격 또는 목표 시장 측면에서 독특한 경쟁우위 요소를 갖도록 해야 한다. 또한 차별화 제품은 독특하고 독창적일 뿐만 아니라 고객들에게 실질적이고 가시적인 이점을 제공해야 한다. 외관상으로만 다르게 보이기 위해 차별화 전략을 수립하는 것은 의미가 없다. 충분히 대접 받지 못하는 고객(underserved customer)에게 구체적인 이점을 제공해야 한다. 가격, 디자인, 고객 서비스 등 차별화 전략의 핵심은 새롭고 고유한 이점을 창출하거나 제품의 기존 측면을 개선하여 실제 사용자 문제를 해결하는 이점이 있어야 한다.

고객이 경쟁 제품 대신 우리 제품을 구매하도록 독려하는 고유한 이점이 무엇인가?

기업이 이 질문에 대한 명확한 답을 내놓지 못한다면, 기존 제품을 평가하여 어떤 (현재 또는 미래의) 측면, 특징 또는 기능을 최적화하고 실질적인 이점을 창출해야 하는지 찾아봐야 한다.

그런데, 많은 회사들이 다른 경쟁사들과 별반 다르지 않은 사업 전략을 구사하고 있음을 발견한다. 회사들의 웹사이트를 방문하면 제품 또는 서비스에 관한 설명서들이 서로 복사한 듯이 유사한 마케팅 메시지를 내걸고 있음을 알 수가 있다. 그들 나름대로의 가치 제안(Value Proposition)을 하지 못하고 있는 것이다. 제품 개발 리더는 고객 및 시장 조사를 통해 차별화 할 수 있는 요소가 무엇인지 파악해야 한다.

고객에게 가치 제안을 할 수 있는 차별화 전략을 수립할 때 집중해야 할 제품의 요소에는 많은 것이 있다. 차별화 노력을 집중해야 하는 부분은 제품 고유 특성(산업, 서비스 유형 등)에 따라 다르지만 다음은 차별화 전략에 접근하는 대표적인 유형은 다음과 같다.

차별화 전략의 유형

일반적으로 제품의 개발 단계에서 차별적이고 독창적 판매 제안(USP: Unique Selling Proposal)을 정의하게 된다. 제품을 경쟁 제품과 차별화하기 위해 더 많은 영역을 생각해 내야 할 때 하나 이상의 USP를 가질 수 있다. 제품의 생명 주기(Product life cycle)를 분석해 본다면 USP로 할 수 있는 요소들을 발견할 수 있을 것이다. 또한 제품 또는 서비스의 차별하고자 하는 영역(디자인, 가격 책정 등)을 분석하여 잠재적인 차별화 기회를 찾아 USP를 정하게 된다. 대표적인 차별화 전략으로 세 가지 접근 방법이 있다.

- 월등한 비용 경제(cost economics)를 통해서 차별적 가격 정책과 수익성을 확보
- 탁월한 제품의 특징(기능, 외관 등) 측면에서 제품 자체를 차별화하는 방법
- 고객 관계를 통한 차별적 경쟁력을 갖는 것

컨설팅 회사 베인 & 컴퍼니가 연구한 결과에 따르면 성공한 기업 군의 60%가량이 저비용 구조를 통한 차별화를 달성하였다. 30%는 독특한 상품과 서비스가 경쟁력의 주요 원천이었고, 10% 정도가 시장 네트워크 장악력을 통해서 차별적 경쟁력을 확보하였다고 한다.

첫째, 월등한 비용 경제를 통한 차별적 경쟁력을 확보하기 위해 다음과 같은 방법을 사용할 수 있다. 첫째는 규모의 경제와 높은 생산성을 통한 원가 경쟁력을 확보하는 것이다. 둘째는 유통망을 효율적으로 운영하는 시스템을 갖고 있어 물류 비

용을 획기적으로 줄이는 것이다. 이마트, 월마트 등 대형 슈퍼마켓 체인들이 갖고 있는 강점이다.

월등한 비용 경제를 확보한 기업은 이런 이점을 활용하여 다양한 차별화 전략을 구사할 수가 있다. 저가 정책을 통해 단시간에 시장 점유율을 높일 수도 있고, 수익성을 최대화해서 재무적 건전성을 강화하는 전략을 채택할 수도 있다. 특별히 비용 차별화 전략이 유용한 경우는 제품의 품질이 규격화되어 제품의 다른 차별적 요소를 만들기가 어려울 때이다. 예를 들면 천연가스, 휘발유 등 최종 제품의 품질 규격이 제도적으로 정해져 있을 때에는 얼마나 비용 구조를 단순히 가져가면서 월등한 비용 경제를 만드는 지가 경쟁력의 핵심이 될 수가 있다.

그러나, 제품이 성숙기에 들어서는 단계에서는 대부분 경쟁사도 비용 경제를 이룰 수 있기 때문에 이러한 전략은 장기적으로 지속가능하기가 어렵다. 다른 차별화 요소를 발굴하여 계속 경쟁력을 유지할 필요가 있다. 대표적인 예가 나이키이다. 나이키의 차별적 경쟁력을 유지하는 데 중요한 역할을 하는 것은 아시아권에 생산 기반을 둔 낮은 원가의 공급망이다. 나이키는 원가 경쟁력 유지를 위하여 지속적으로 생산 기반을 아시아 지역의 여러 국가로 옮기고 있다. 직접 투자한 생산 자산을 갖고 있지는 않지만 지역 업체들과 사업 파트너십을 통한 원가 경쟁력을 유지하고 있다.

둘째, 제품 자체의 차별화 전략은 회사가 광범위한 고객층을 유치하고자 할 때 더 나은 기능을 갖춘 우수한 제품을 만든다. 차별적 특성을 가진 제품을 통해 비슷한 요구를 가진 더 큰 수요를 공략하게 된다. 예를 들면 테슬라는 전기 자동차에 특화하여 혁신적인 기술을 차별화 전략으로 사용하여 성공하였다. 애플의 아이폰과 아이패드 같은 혁신적 제품도 이에 해당한다. Nat Habit은 피부와 모발을 위한 신선한 천연 제품을 만드는 회사이다. 이 회사의 주요 차별화 요소는 그들의 제품이 완전히 신선한 천연 소재로 만든 것이다. 친환경적 브랜드 이미지를 차별화 요소로 갖고 있는 아웃도어 의류업체 파타고니아도 좋은 예이다. 이렇게 제품 자체를 차별화 함으로써 고객을 유치하는 것이 제품 차별화 전략이다.

제품을 틈새 시장에 맞춰 차별화 하는 전략도 매우 유효한 전략이다. 이러한 **틈새 시장 제품 차별화 전략**은 기업이 특정 틈새 시장 세그먼트를 공략 목표로 할 때 그 틈새 각각에 대해 고유한 제품을 만드는 것이다. 우리나라에서 대표적 틈새 시장 성공 사례는 김치냉장고다. 딤채는 1995년 김치 전용 냉장고를 선보여 냄새, 공간 효율 등 일반 냉장고에서의 김치 보관 어려움을 해소해 크게 성공했다. 코카콜라는 오리지날 코카콜라, 제로 슈가 코카콜라, 저 칼로리 코카콜라 등으로 틈새 시장 차별화 제품을 만들었다. 숙취 해소 음료, 저가 항공사 등도 틈새 시장으로 차별화한 사례라고 할 수 있다. 앞서 예로 들었던 Nat Habit은 다양한 고객 요구에 따라 다양한 제품군을 보유하고 있기도 하다. 예를 들어, 회사는 탈모 관리, 비듬 관리, 백발 관리와 같은 다양한 요구에 따라 다양한 종류의 헤어 마스크를 생산한다. 이것은 광범위한 시장 수요를 목표로 제품 차별화를 추구하면서도 틈새 시장을 공략하기 위해 고객의 요구에 맞춤형 차별화 전략을 모두 사용할 수 있음을 보여준다.

제품 차별화 전략의 장점을 살펴보면 우선 경쟁사와의 저가 경쟁에 휘말릴 필요가 없게 된다. 제품이나 서비스를 차별화함으로써 가격 이외의 근거로 경쟁할 수 있다. 제품의 품질이 타의 추종을 불허한다면 경쟁업체는 가격이 더 낮아도 경쟁하기 어려울 것이다. 이것은 차별화 전략의 가장 큰 장점 중 하나이다. 또한 제품 차별화는 경쟁력을 유지하는 데 시간적 이점이 있다. 차별화된 고유한 제품이 있는 경우 경쟁업체가 쫓아 오는 데 시간이 걸릴 것이다. 그동안 혁신적인 마케팅 및 광고 전략을 사용하여 시장 점유율을 확고하게 할 수 있는 기회가 있다. 차별화된 제품에는 프리미엄을 부과하여 더 큰 마진을 얻을 수도 있다. 그리고 충성 고객을 만들 수 있다면 더 많은 재구매 고객이 생길 것이다. 이는 판매량이 적더라도 더 많은 수익을 올릴 수 있음을 의미한다. 제품의 차별화는 고객의 브랜드 충성도를 만들어 낼 수 있다. 경쟁 제품이나 대체제가 수없이 많은 시장에서 차별화된 제품은 소비자의 마음 속에 고유한 위치를 만들 수 있다. 그러나 유의해야 할 것은 제품이 약속된 차별화를 제공하는 경우에만 고객의 충성도를 유지할 수 있다는 점이다.

셋째, 고객 관계를 통한 차별화 전략은 SNS와 구전 마케팅(viral marketing)의 중요도가 높아지면서 매우 유요한 전략이다. 충성도가 높은 고객은 신제품을 구매하고, 친구에게 제품을 추천하고, 소셜 미디어에서 제품 가시성을 높일 수 있기 때문에 회사는 경쟁력 있는 가치를 창출할 때 고객과의 좋은 관계를 통해 이익을 얻을 수 있다. 고객 관계 마케팅에는 소셜 미디어에서 적극적이고 친근하게 행동하고 제품을 향상시키기 위해 고객 피드백에 귀를 기울이는 것이 포함된다.

고객 관계를 통한 차별화 전략은 다양한 방식으로 이루어질 수 있다. 목표 고객층이 제품을 구매할 때 전문적인 지식을 갖춘 그룹이라면 이들의 요구를 제품에 적극 반영하는 방식으로 차별화를 만들 수가 있다. 예를 들면 노보자임스(Novozymes)의 신제품은 대부분 정밀한 생체공학을 통해 만들어진 효소 제품으로 90퍼센트 이상이 고객과의 협업을 통해 만들어진다.

또 다른 방식은 고객 행동을 분석하여 고객의 요구를 예측하고 이에 따라 마케팅을 하는 방식이다. 예를 들면 인터넷 쇼핑 업체들이 SNS의 활동을 분석하여 개인의 취향에 맞게 개인 SNS에 마케팅 광고를 기재하는 것을 많이 볼 수가 있다. 아메리칸 익스프레스 카드는 고객의 구매 패턴에 관한 상세한 데이터를 분석하여 다양한 마케팅에 활용하고 있다.

고객의 충성도와 고객의 구매율을 유지하는 것에 집중하는 것도 고객 관계를 통한 차별화 전략의 일환이다. 유명 백화점들이 VIP 고객들에게 별도의 우대 서비스를 제공하는 것을 볼 수가 있다. 은행에서도 VIP 상담센터를 따로 개설하여 고객의 충성도를 유지하려고 노력하는 것은 이런 전략의 좋은 예라고 할 수가 있겠다.

어떤 유형의 차별화 전략을 세우던지 공통적으로 다음과 측면을 고려해야 한다.

디자인 측면

경쟁력 있는 제품은 직관적인 사용자 경험을 제공하고 보기에도 좋아야 한다. 하지만 경쟁사의 제품도 이를 위해 똑같은 노력을 할 것이기 때문에 더 중요한 것은 어떻게 디자인을 사용하여 경쟁업체보다 눈에 띄면서 대상 사용자의 삶을 더 이롭게 만들고 있는가이다. 그리고 디자인 단계에서 고민해야 하는 핵심 질문은 제품 디자인을 통해 우리 기업만의 독특한 가치 제안(Value Proposal)을 하고 있는지를 고민해야 한다. 고객이 사용할 수 있는 가능한 모든 기능을 구현하는 것도 중요할 수 있지만, 고객이 갖고 있는 요구 또는 문제점을 해결해 주는데 집중하여 제품을 차별화할 수 있다. 외관과 기능 측면에서 경쟁사와 차별화 하면서도 고객의 원하는 것을 해결해 줄 수 있어야 한다는 것이다. 단순한 기능 차별화 전략에 초점을 맞춰서는 부족하고 사용자가 직면한 실제적이고 구체적인 문제, 즉 경쟁업체가 해결하지 못하는 문제를 해결해야 한다.

이를 위해 다음과 같은 질문을 해 보자.

- 우리 제품의 기능이 고객의 중요한 문제를 해결해 주는가?
- 경쟁 제품과 비교해도 문제 해결 방식이 고객의 눈에 띄도록 특별한가?

고객 서비스 및 지원 측면

회사가 고객 지원에 접근하는 방식에 따라 잠재 고객이 인식하는 제품의 가치가 높아지거나 낮아질 수가 있다. 빠른 응답 시간, 개인화된 제품 사용 경험, 제품에 대한 일반적인 질문을 해결하는 유용한 커뮤니티 등 고객 지원 측면에서 차별화 요소로 무엇을 선택하든 경쟁 제품과 확실히 달라야 한다. 또 다른 예로 마케팅에서 많이 채택하는 차별화 방법들은 다음과 같은 것이 있다. "경쟁사보다 더 긴 무료 평가판을 제공하여 고객이 제품 경험을 충분히 할 수 있게 한다." 또는 "제품 추천인에게는 상당한 할인 코드를 제공한다."

지금까지 차별화 전략의 3가지 유형을 살펴보면서 주로 차별화 전략의 장점을 설명하였다. 기업이 차별화된 마케팅 전략을 사용할 생각을 할 때마다 부인할 수 없는 추가 비용 요소가 발생한다. 동일한 유형의 제품에 대해 여러 변형을 만드는 경우 추가 비용이 발생하기 때문에 일부 기업은 제품 차별화에 어려움을 겪는다. 또한 종종 매우 차별화된 제품을 제공하는 회사들이 일관성 없는 마케팅 메시지로 인해 차별화의 이점을 살리지 못하는 경우가 있다. 이러한 차별화 전략의 단점을 극복하기 위해서는 차별화 제품이나 틈새 시장을 다루더라도 기업의 브랜드 이미지를 명확하게 전달할 수 있는 포괄적인 마케팅 메시지가 있어야 한다. 예를 들면 애플사의 경우 최첨단 기술과 혁신적인 디자인이라는 포괄적인 마케팅 메시지를 갖고 있어서 제품의 차별화 요소를 극대화할 수가 있다. 차별화된 제품은 종종 자체 제품의 유사 모조품과 경쟁해야 하는 상황에 직면한다. 그래서 매출에 영향을 받기도 하지만, 제품의 고유한 포장과 디자인, 명확한 마케팅 메시지를 통해 프리미엄 가격대를 유지할 수 있겠다. 또한, 차별화된 제품을 너무 많이 만드는 경우에는 같은 브랜드 내에서 수요를 잠식하는 경우도 생길 수 있다. 이러한 차별화 전략의 단점을 없애기 위해서는 제한된 수의 차별화된 제품을 만드는 것이 중요하다.

이렇게 다양한 차별화 전략의 장점과 단점을 고려할 때 장점이 더 많다는 것을 발견할 수가 있다. 그러므로 차별화 전략은 선택의 문제가 아니라 반드시 실현해야 하는 생존 전략이라고 할 수 있겠다.

차별화 전략 사례

 ## Whole Food

식료품 슈퍼마켓은 차별화하기가 매우 어려운 제품들을 판매하고 있다. 그런데, Whole Food은 이 시장에서 매우 독특한 방식의 마케팅을 전개하면서 유사 슈퍼마켓과의 차별화에 성공하였다. 이 회사의 차별화 전략은 디지털 기술을 활용한 홍보, 스토리텔링, 유기농 건강 제품이다. 자사 홈페이지를 방문한 고객들의 검색 제품과 빈도수 구매 상품에 대한 디지털 정보를 축적하여 재구매를 유도한다. 그리고 매장의 조명, 인테리어, 레이아웃을 통해서 제품의 신선도를 돋보이게 한다. 또한 Top Chef 같은 예능 프로그램을 스폰서링해서 브랜드 이미지 홍보 효과를 높인다. 제품의 이력에 대한 스토리텔링을 통해서 제품의 매력도를 높이는 전략을 매우 성공적으로 구사하고 있다.

Emirates Airline

저가 항공사들은 가장 간단한 서비스를 제공하면서 최저가 티켓을 제공하는 것을 전략으로 강조하고 있다. 그러나 에미레이트 항공은 이와 반대로 가장 최고의 고객 서비스를 제공하는 전략을 채택하고 있다. 예를 들면, 이코노미석에도 기내 WiFi, 무료 음료, 4,500개의 디지털 컨텐츠, 지역 특별 기내식을 제공하고 있다. 이런 전략의 효과를 에미레이트 항공은 가장 혁신적인 고객 중심의 항공사로 인정을 받고 있다.

☀ Apple

애플은 맥킨토시 컴퓨터, 아이포드, 아이패드, 아이폰에 이르기까지 가장 혁신적인 제품을 제공하는 회사로 이미지를 굳혀왔다. 애플은 독특한 디자인에 미적으로도 사람의 마음을 끄는 제품을 선보였다. 또한 가장 간단하고 쓰기 용이하게 운영 시스템을 디자인하였다. 이런 미니멀리스트 전략은 종래의 복잡한 단추들로 구성된 전자 제품들과 확연히 차별화를 만들어 내었고 고객들의 사용상 어려움을 해결할 수가 있었다. 이런 애플의 고가 전략은 프리미엄 제품이라는 이미지를 유지할 수 있게 하였다.

☀ Hermes

프랑스의 일류 브랜드 헤르메스는 부의 상징이면서 투자 상품으로도 여겨지는 고급 핸드백과 엑세서리 제품들을 판매하고 있다. 헤르메스의 차별화 전략인 스토리텔링은 모든 제품이 전문가의 손에서 수작업으로 만들어지고 몇개의 제품만을 출시하여서 희귀성이 있다는 것이다. 예를 들면 유명한 알비노 악어 가죽 핸드백은 세상에 10개만이 존재한다. 경매에서 이 제품은 38만 불에 팔리기도 하였다.

☀ Tesla

전기 자동차로 최고의 브랜드 이미지를 갖고 있는 테슬라 자동차는 제품 자체가 기존 자동차 시장을 뒤흔드는 혁신적인 제품이었다. 또한 자동차 디자인 역시 기존 자동차와 확연하게 차이가 나는 미적인 완성도가 높았다. 친환경적이고 하이테크 기술을 도입한 것도 차별화의 중요한 포인트이지만 고객 편의성 측면에서도 차별화 요소가 있다. 예를 들면, 차를 사용자에게 맞게 개조를 하거나, 소프트웨어를 정기적으로 업데이트하고, 태양광 전지, 초고속 충전 설비를 제공하는 것, 자율 운전 기능을 갖추고 있다는 점이다. 대개의 자동차 회사들이 TV광고를 통해 홍보를 하지만 테슬라는 입소문에 의한 바이럴 마케팅 전략을 구사한다. 이런 테슬라의 차별화 전략의 결과 다른 많은 경쟁사들이 전기차를 출시하였지만 전기차 시장에서 테슬라의 아성을 깨지 못하고 있다.

 ### Harley Davidson

1903년 설립되어 대공황에서도 살아남은 할리 데이비슨 오토바이는 매우 탄탄한 브랜드와 충성 고객층을 갖고 있다. 이 회사의 차별화 요소라면 무엇보다도 할리 오토바이 특유의 엔진 소리라 할 것이다. 또한 할리 데이비슨은 고유의 브랜드 문화와 수 많은 팬 클럽으로 유명하다. 가장 오래된 팬 클럽은 1908년에 시작되었다. 할리 데이비슨 브랜드의 카페와 레스토랑도 있고 전 세계에 브랜드 커뮤니티가 있다는 것도 고객들에게는 매우 매력적인 차별화 요소이다.

 ### Shopify

소피파이는 캐나다에서 시작하여 업계의 강자로 자리매김한 다국적 이커머스 플랫폼 회사이다. 이 회사의 성공 요인은 24/7으로 표현되는 고객 서비스 제도 이다. 언제 어디서나 접속될 수 있는 서비스 센터를 통해서 즉각적으로 고객의 문제점을 해결하여 준다. 또한 Twitter와 같은 SNS 상에서도 계정을 만들어서 고객들의 요구에 도움을 주는 차별적 서비스를 강점으로 하고 있다.

Coca cola vs Pepsi

코카콜라와 펩시 간에 치열한 시장 경쟁은 차별화 전략에서도 발견할 수가 있다. 가장 큰 차별화 포인트는 맛을 내는 레시피일 것이다. 그러나, 펩시가 코카콜라에 도전하기 위해 시작한 브라인드 테스트 결과 맛을 통한 차별화는 한계가 있음이 발견되었다. 두 회사의 차별화는 패키징 방법과 제품 홍보하는 방법에서 확연히 들어난다. 코카콜라는 빨간색과 검은 색을 주로 사용하고 다양한 사이즈의 플라스틱 병과 캔 제품을 판매한다. 펩시는 파란색을 주로 사용하고 원형의 로고를 모든 제품에 표시를 한다. 펩시는 또한 10대를 향한 마케팅에 집중을 해서 스포츠, 음악 등을 마케팅 주제로 많이 사용한다. 코카콜라는 핵심가치와 미션을 "행복한 순간을 만들고 세계를 새롭게 한다(Inspire moments of happiness and refresh the world)"에 어울리게 행복한 순간을 캡처하여 보여주는 광고를 주로 한다.

차별화 전략 수립 방법

제품 개발 프로세스를 시작할 때 제품의 가치 제안(value proposal)을 정의해야 한다고 하였다. 이제 경쟁 제품과 차별화할 수 있는 새롭고 더 나은 방법을 찾고자 하는 제품 개발 초기 단계에 있다고 가정하자. 우선 포화된 시장에서 새로운 제품 라인을 개발하여 경쟁사와 차별화 하기 위해서는 시장의 현실을 정확하게 반영한 정성적 및 정량적 데이터가 있어야 한다.

기존 제품을 개선하거나 새로운 제품 라인을 생성하려는 기존 조직인 경우에는 그동안의 사업 경험으로 얻을 수 제품의 life cycle에 관련된 모든 자료를 분석해야 한다. 내부적으로는 제품 개발 시점에서 시작하여 외부적으로는 이해 관계자, 경쟁사 및 고객의 관점에서 우리 제품의 경쟁력을 평가해야 한다.

외부 환경 분석에서는 우리 제품의 경쟁 환경을 다면적으로 평가해야 하는데, 제품 기능의 경쟁력뿐 아니라, 우리 제품의 가치 제안(Value Proposal)이 의도한 대로 시장에서 받아들여지고 있는 지를 평가해야 한다. 고객의 구매 동기를 이해하고 만족하지 못한 문제점과 요구 사항을 찾는 데 집중해야 한다. 이러한 접근 방식은 우리 제품이 제공하는 것과 이러한 고객의 요구와의 갭을 파악하고 이를 가장 잘 맞추는 방법을 찾아 가는데 매우 유효하다.

제품의 내부 환경 분석은 제품의 다양한 영역(디자인, 가격 책정, 기능, 고객 지원 등)들이 제품 개발 초기에 의도하였던 제품 가치 제안과 일치하는 지를 점검하여야 한다. 이런 점검은 제품 관리자가 차별화 가능성이 있는 제품 영역을 가리킬 수 있는 나침반의 바늘과 같은 역할을 할 수가 있다.

제품의 차별화 가능성에 영향을 미치는 내·외부 요인을 보다 면밀히 분석하는 데 유용한 경영 기법들이 있다. 앞장에서는 IDEA 모델의 첫 번째 단계인 경쟁적 포지션 정의(Identify competitive position)를 설명하고, 기업의 내·외부 경쟁력을 평가할 수 있는 5가지 경영 기법을 소개하였다.

- PEST 분석(정치, 경제, 사회, 기술 요인)
- Porter의 5 Force 분석(제품의 강점과 약점을 파악하는 다섯 가지 경쟁 요인)
- BCG(4개 셀을 통해 제품의 경쟁적 포지션을 파악)
- GE 맥킨지 모델(사업부의 경쟁력과 산업의 매력도를 기준으로 한 매트릭스 6개 셀

로 분석)

- 품질-가격 모델(품질과 가격을 기준으로 한 매트릭스 6개 셀로 분석

차별적 경쟁 전략의 핵심은 회사의 강점과 약점을 인식하고 비즈니스가 직면한 기회와 위협을 명확하게 이해하는 것이 기본이다. 이것을 SWOT 라고 부른다. 많은 기업들이 SWOT(strength, weaknesses, opportunities and threats) 분석을 통해서 고객의 요구를 이해하게 되고 경쟁사와 어떻게 차별화된 제품과 서비스를 제공할 지에 대한 통찰을 얻고 있다. 제품 차별화 전력을 수립하는데 매우 유용한 SWOT 분석은 제품 개발에 영향을 미치는 외부 및 내부 영향의 조합을 살펴보는 분석 도구이면서 또한 전략 방향에 대한 통찰을 얻을 수 있는 경영 기법이다.

제품에 대한 SWOT 분석을 위해서는 제품을 구성/영향을 미치는 내부 및 외부 요인을 모두 살펴봐야 한다. 앞서 설명한 분석 기법들을 활용하면 효과적으로 SWOT을 도출할 수가 있다.

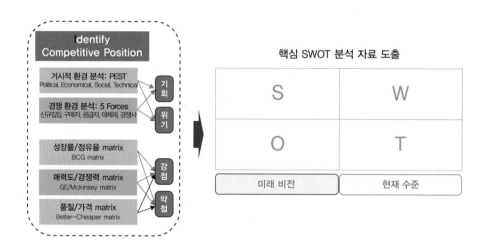

SWOT 전략 매트릭스

SWOT을 파악하게 되면 우리의 강점과 기회를 보면서 미래 비전을 그려볼 수 있고 또한 약점과 위협을 통해서 현재의 사업 위치를 확인할 수가 있다. 그리고 기업의 미래 비전과 현재 제품 경쟁력 수준 간의 갭을 파악할 수가 있다. 경쟁 전략을

수립한다는 것은 기업의 미래비전과 현재수준 간의 간격을 줄일 수 있는 해결방안을 찾는 과정이라고 할 수가 있다. 이를 위해서는 파악이 된 SWOT 요소들에 대하여 다음과 같은 질문 등을 통해서 SWOT이 기업의 목적을 달성하는 데 의미하는 바를 구체적으로 이해를 해야 한다.

강점

경쟁에서 앞서 나가고 사용자를 만족시키며 제품 비전에 더 가깝게 제품을 개선시키는 데 직접적으로 기여하는 제품의 측면을 검토한다. 강점 측면에서 점검해야 하는 질문은 다음과 같다.

- 우리 제품이 제공하는 가치 제안은 무엇인가?
- 어떤 문제를 경쟁업체가 하지 않는 방식으로 해결하는가?
- 제품의 강점을 유지하는 데 사용할 수 있는 내부 및 외부 리소스는 무엇인가?
- 사용자가 생각하는 강점은 무엇인가?

약점

경쟁자가 이용할 수 있는 경쟁에 취약한 약점을 찾아내서 제품을 개선할 수 있는 부분을 밝혀낸다. 약점 측면에서 점검해야 하는 질문은 다음과 같다

- 우리 제품은 어떤 영역에서 개선이 필요한가?
- 당신의 경쟁자가 당신보다 잘하고 있는 것은 무엇인가?
- 현금 흐름/부채 상황 등 재무 상태는 건전하나?
- 사용자로부터 가장 많이 듣는 불만 사항은 무엇인가(잠재적 및 현재 모두)?

기회

사업의 성공에 영향을 미치는 외부 요인(시장, 소비자 동향, 기술)을 구체적으로 파악하고 이를 활용할 수 있는 방법을 찾는 것이다. 기획 측면에서 점검해야 하는 질문은 다음과 같다.

- 우리의 약점 중 하나가 기회로 바뀔 수 있는가?

- 경쟁사의 약점을 기회로 바꿀 수 있는가?
- 잠재적인 성장 기회로 삼을 수 있는 고객의 요구는 무엇인가?
- 규제, 문화 등 외부 환경 중에서 사업의 기회가 될 수 있는 것은 무엇인가?

위협

통제할 수 없는 외부 요인일 수도 있고, 우리 회사의 내부 리스크일 수도 있다. 이러한 요인은 필연적으로 제품에 영향을 미치므로 이러한 요인을 피하거나 영향을 최소화할 계획을 세워야 한다. 위협 측면에서 점검해야 할 질문은 다음과 같다.

- 경쟁사는 위협에 어떻게 더 잘 갖추고 있는가?(자금, 회사 규모 등)
- 위협 상황에 대응할 수 있는 위기 관리 계획을 갖고 있는가?
- 예측하고 대비할 수 있는 시장/산업의 잠재적 위협 요인은 무엇인가?

이러한 질문을 통해서 SWOT의 의미를 파악한 뒤에는 아래 양식과 같은 SWOT 전략 매트릭스에 사업 경쟁 전략의 큰 방향을 수립한다.

	강점 Strength	약점 Weakness
기회 Opportunity	**SO 전략** 기회를 활용하기 위해 강점을 사용하는 전략	**WO 전략** 약점을 보완하여 기회를 포착하는 전략
위협 Threat	**ST 전략** 위협을 회피, 취소화하기 위해 강점을 활용하는 전략	**WT 전략** 위협을 회피하고 약점을 최소화하는 전략

SWOT 전략 매트릭스는 SO, WO, ST, WT 4개의 셀로 구성이 되면 각 셀이 갖고 있는 전략적 의미는 다음과 같다.

- SO는 강점을 사용하여 기회를 살리는 전략
- WO는 약점을 보완하여 기회를 잡는 전략

- ST는 강점을 활용하여 위협을 회피하거나 최소화하는 전략
- WT는 약점을 보완하여 위협을 회피 또는 최소화하는 전략

이 SWOT 전략 매트릭스는 전략을 수립 시에 논리적 사고를 할 수 있게 해주는 프레임워크로 기업뿐만 아니라, 일상적인 문제해결을 위해서도 유용하게 활용할 수 있다.

SWOT 전략 매트릭스를 사용하는 방법을 설명하기 위해서 2개의 글로벌 기업 사례를 활용하려고 한다. 먼저 Coca-cola 사례이다. 앞장에서 5 Force model과 BCG 매트릭스를 활용해서 코카콜라의 SWOT을 도출하였다.

코카콜라는 높은 브랜드 가치와 고객 충성도와 같은 여러가지 강점과, 탄산음료의 건강 문제와 같은 약점 요인, 건강음료 시장에 대한 기회 요인과 경쟁 환경의 위기 요인 등을 SWOT으로 확인하였다. 코카콜라의 미래 비전은 "사람들이 좋아하는 음료를 만들어 지역 사회 및 지구를 변화시키는, 지속 가능한 비즈니스를 만드는 것"이다. 그런데, 코카콜라의 사업 현실을 보면 매출은 2019년 3분기까지 전년 동기 대비 1.3% 감소했다.

Coca-Cola의 SWOT 분석

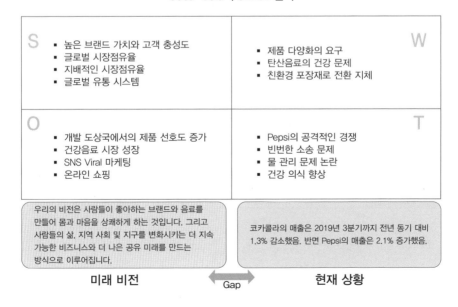

S	W
▪ 높은 브랜드 가치와 고객 충성도 ▪ 글로벌 시장점유율 ▪ 지배적인 시장점유율 ▪ 글로벌 유통 시스템	▪ 제품 다양화의 요구 ▪ 탄산음료의 건강 문제 ▪ 친환경 포장재로 전환 지체
O	T
▪ 개발 도상국에서의 제품 선호도 증가 ▪ 건강음료 시장 성장 ▪ SNS Viral 마케팅 ▪ 온라인 쇼핑	▪ Pepsi의 공격적인 경쟁 ▪ 빈번한 소송 문제 ▪ 물 관리 문제 논란 ▪ 건강 의식 향상

우리의 비전은 사람들이 좋아하는 브랜드와 음료를 만들어 몸과 마음을 상쾌하게 하는 것입니다. 그리고 사람들의 삶, 지역 사회 및 지구를 변화시키는 더 지속 가능한 비즈니스와 더 나은 공유 미래를 만드는 방식으로 이루어집니다.

코카콜라의 매출은 2019년 3분기까지 전년 동기 대비 1.3% 감소했음. 반면 Pepsi의 매출은 2.1% 증가했음.

미래 비전 ←Gap→ 현재 상황

그러면 이러한 코카콜라의 비전과 현재의 갭을 줄이기 위한 사업 전략을 찾기 위해서 SWOT 전략 매트릭스를 활용해 보자.

코카콜라는 강점을 사용하는 SO 전략으로 생수 사업 다각화, SNS 마케팅 강화, 브랜드 차별화 홍보를 강화하는 것을 채택할 수가 있겠다. 또한 글로벌 유통 시스템의 효율적 관리를 통한 원가 경쟁력의 확보는 수익성 유지에 중요한 요소가 될 것이다.

또한 약점을 보완하여 기회를 포착하는 WO전략으로는 인수를 통한 제품 포트폴리오 강화, 안전하고 개선된 물 관리 위생 강화, 수익성 없는 Dog 제품들을 EXIT 하는 전략을 고려할 수가 있다.

위협을 회피하고 최소화하기 위해 강점을 활용하는 ST전략으로는 고급 유통망과 전략적 제휴, 일류 식음료 업체와 전략적 제휴방안을 고려할 수가 있겠다.

마지막으로 약점을 보완하여 위협을 회피하거나 최소화 하는 WT전략으로는 설탕 함유량 감소 제품 출시, 떠오르는 경쟁사 인수 합병, Global 산하 조직들의 조직 문화 정립과 같은 전략을 채택할 수가 있다.

Coca-Cola SWOT 전략 Matrix	강점 Strength	약점 Weakness
기회 Opportunity	**SO 전략** 생수 사업 다각화 SNS 마케팅 강화 Brand 차별화 광고 강화	**WO 전략** 인수를 통한 제품 포트폴리오 강화 안전하고 개선된 물 관리 위생 강화 Dog 제품들 정리
위협 Threat	**ST 전략** 고급 유통망과 전략적 제휴 일류 식음료 업체와 전략적 제휴	**WT 전략** 설탕 함유량 감소 제품 출시 떠오르는 경쟁사 인수 합병 Global 산하 조직들의 조직 문화 정립 (가치관 등)

코카콜라가 SWOT 전략 매트릭스를 통해 도출한 경쟁 전략으로 앞서 설명한 3 가지 차별화 전략 수립 유형을 다양하게 구사하고 있음을 발견할 수가 있다.

▪ 월등한 비용 경제: 글로벌 생산 및 유통 관리 효율화로 원가 경쟁력 확보

■ 제품 차별화: 인수, 합병을 통해 시장 트렌드에 맞는 제품 라인의 확보
■ 고객 관계 차별화: 고급 유통망, SNS 마케팅 등을 통해 고객 접점과 충성 고객을 늘림

이번에는 두 번째 사례로 SK E&S의 차별적 경쟁 전략을 살펴보자.

앞장에서 경쟁 환경 분석을 통해 도출된 SK E&S의 주요 SWOT의 강점 요인으로는 LNG를 직도입하여 발전소를 운영한 경험, 도시가스 사업을 통한 자금 조달 역량, LNG 발전소 증설 역량을 들 수 있으며 약점 요인은 LNG 가격 변동의 취약성과 국내 중심의 사업기반을 들 수가 있다. 실제로 2010년 초 SK E&S의 수준은 광양 발전소와 광양 LNG 터미널 이외에는 LNG Value chain상에 Infra가 갖추어지지 않았다.

기회 요인은 해외 LNG수요 증가와 신규 산업의 대두 그리고 위협 요인은 정부의 규제 정책과 해외 각국의 LNG 사업 규제 등이 분석되었다. SK E&S의 미래 비전은 Global LNG value chain 구축을 통해 중장기적으로 1천만 톤의 Trading 물량을 확보한 Major LNG Player가 된다는 것이다.

SK E&S SWOT 분석

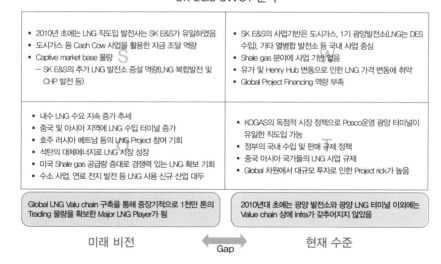

| Global LNG Valu chain 구축을 통해 중장기적으로 1천만 톤의 Trading 물량을 확보한 Major LNG Player가 됨 | 2010년대 초에는 광양 발전소와 광양 LNG 터미널 이외에는 Value chain 상에 Infra가 갖추어지지 않았음 |

미래 비전 ←Gap→ 현재 수준

SK E&S의 미래비전과 현재 수준의 갭을 줄이기 위한 사업 전략을 SWOT 전략 매트릭스를 활용하여 찾아 보자. SWOT 전략 매트릭스상에 강점을 사용하여 기회를 잡는 SO 전략으로는 다음과 같다.

- 국내 LNG 발전소 추가 투자로 내수 시장의 내부 수요(captive market) 확대
- 중국, 아시아, 남미지역 LNG 프로젝트 참여를 통해 글로벌 LNG 수요 확보
- 수소 개질, 연료 전지 등 LNG를 원료로 하는 신규 수요 발굴

약점을 보완하여 기회를 포착하는 WO전략으로는 다음과 같다.

- Global LNG Value Chain 구축을 통해 차별적 가격 경쟁력 확보
- 단기 SPOT 거래시장 참여를 통해 트레이딩 물량 확대
- Global 프로젝트 파이낸싱 역량 강화 등의 전략을 도출

위협을 회피하거나 최소화하기 위해 강점을 활용하는 ST전략으로는 다음과 같다.

- 중국, 아시아의 지역 LNG 사업자와 전략적 제휴로 인프라 midstream 자산 확보
- Global LNG 메이저들과 경제적인 LNG 공급 계약 체결 등의 전략을 고려

약점을 보완하여 위협을 회피하거나 최소화 하는 WT전략으로는 다음과 같다.

- 내수 규제 정책에 개선 추진
- 중국, 아시아, 남미지역 LNG 사업자와 전략적 제휴로 현지 정부 규제 완화
- LNG 메이저들의 프로젝트에 참여하여 투자 리스크를 감쇄 전략을 도출

SK E&S SWOT 전략 Matrix	강점 Strength	약점 Weakness

기회
Opportunity
	SO 전략
	• LNG 발전소 추가 투자로 내수 시장의 captive market 확대를 통해 규모의 경제 확보
	• 중국, 아시아, 남미지역 LNG Project 참여 통해 Global LNG 수요 확보
	• 수소 개질, 연료 전지 발전 등 LNG captive market 사업 참여
		WO 전략
		• Global LNG Value Chain 구축을 통해 차별적 가격 경쟁력 확보
		  - 자체 LNG 운반석 확보하여 물류 경제성 확보
		  - 미국의 가스전 지분 투자, 액화 플랜트 물량 계약 등 사업 교두보 확보
		• Trading 전문 법인 설립하여 SPOT 거래시장 참여 등 trading 물량 확대
		• Global project financing 역량 강화

위협 Threat	**ST 전략** • 중국, 아시아의 LNG player 와 전략적 제휴로 midstream infrastructure 확보 • Global LNG Major 들과 안정적, 경제적인 LNG 공급 계약 체결	**WT 전략** • 내수 규제 정책에 대한 정책 shaping • 중국, 아시아, 남미지역 LNG Player 와 전략적 제휴로 현지 정부 규제 회피 • LNG major player들의 Infra Project 에 전략적 제휴로 참여하여 투자 리스크 줄임

SK E&S가 SWOT 전략 매트릭스를 통해 도출한 차별적 경쟁 전략은 앞서 설명한 3가지 차별화 전략 수립 유형 중에서도 월등한 비용 경제를 이루는 데 집중이 되어 있음을 발견할 수가 있다. 이것은 LNG 산업의 특성상 제품의 국제 규격이 정해져 있고, 특별히 국내에서는 독점적 위치에 있는 가스 공사가 도매 가격 기준을 정해 놓고 있기 때문이기도 하다.

- 월등한 비용 경제: 글로벌 LNG 가치 사슬 value chin의 완성을 통한 원가 경쟁력 확보
- 제품 차별화: LNG 구매처를 다양화 함으로 가격 변동에 대비하고 물량을 안정적으로 공급받을 수 있도록 함
- 고객 관계 차별화: B2B 사업의 특성상 다운 스트림 수요자의 잠재 수요를 확보하여 장기적 계약을 체결함

지금까지 글로벌 경쟁 전략 모델 IDEA의 두 번째 단계인 차별적 경쟁 전략 수립(Differentiation Strategy) 과정을 SWOT 전략 매트릭스를 통해 설명하였다. 그리고 코카콜라와 SK E&S 사례를 살펴보고, SWOT 전략 매트릭스를 현업에서 활용하는 방법을 살펴보았다.

차별적 경쟁 전략 수립 종합 실습

2장과 3장에서 설명한 내용은 IDEA 모델의 연계된 프로세스이다. 그러므로 3장의 종합 실습은 다음과 같다.

아래 과제1)의 경우 2장의 분석 내용을 활용하고, 과제2)는 5개 프레임워크를 활용 SWOT을 도출한 뒤에 SWOT 전략 매트릭스를 작성하기 바란다. 작성한 후에는 첨부 자료에 있는 사례 분석 예시를 참조하여 보완을 한다.

과제1) 2장 경쟁적 포지션 정의에서 설명한 실습 사례 2개의 내용을 숙지하고 추가적인 정보를 검색하여 SWOT 전략 매트릭스를 완성한다(2개 사례: HD 현대 인프라 코어, 삼성전자).

과제2) 3장 서두에 제시된 Netflix 사례의 내용을 숙지하여 2장에서 살펴본 5가지 환경 분석 기법과 3장에서 설명한 SWOT 전략 매트릭스를 첨부에 주어진 양식에 작성한다.

SWOT 미래 비전과 현실의 GAP

SWOT 전략 Matrix	강점 Strength	약점 Weakness
기회 Opportunity	**SO 전략** 핵심 역량을 활용하여 사업 기회 포착	**WO 전략** 약한 역량을 보완하여 사업 기회 포착
위협 Threat	**ST 전략** 핵심역량을 활용하여 위기를 줄이고 기회로 전환 • Treat • Take opportunity	**WT 전략** 약점과 위기 수준을 감쇄 또는 제거 • Transfer • Terminate

Chapter 04

글로벌 진입 전략의 수립

Sony의 글로벌 시장 진입 전략

Sony corporation은 1964년 도쿄에서 설립되어 가전 제품을 중심으로 성장하면서 전자 장치, 소프트웨어, 음반 사업 및 게임 콘솔 등으로 사업 부문을 계속 확장을 해 왔다. 소니는 2021년 현재 아래 도표와 같이 5개의 사업 부문으로 구성된 글로벌 일류 기업으로 성장을 하였다.

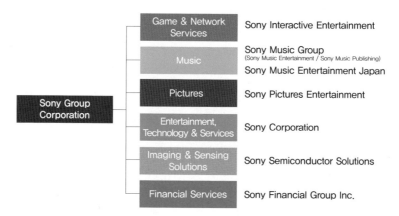

Sony Group Organizational Structure

소니의 사명은 고객에게 감동을 제공하는 것이다. 혁신적 제품을 통한 감동을 주거나, 음악, 게임 등을 통한 고객과의 정서적 교감을 중요시한다. 또한 고객의 범위를 일본 내수 고객에서 글로벌 시장 고객으로 확대하는 글로벌 성장 전략을 추구하였다.

소니의 글로벌 전략은 트랜지스터 라디오, TV와 같은 전자제품을 수출하는 형태로 시작이 되었다. 그러나, 1970년대 미국의 반덤핑 규제와 80년대 엔화의 평가 절상 같은 정치 경제적 환경 변화는 수출 중심의 글로벌 전략에 수정이 필요하였고, 소니는 해외 직접 투자를 통한 글로벌 현지화 전략을 추진하게 된다. 국가별로 상이한 정치·경제 환경을 고려해서 글로벌 진입 전략은 국가별로 상이한 길을 채택하게 된다.

💡 미국 시장 진입 전략

소니의 미국 시장 진입의 시작은 완제품 수출과 미국 딜러망을 통한 간접적 판매 형태였다. 당시 작은 회사에 불과 했던 소니는 미국에 생산 기지를 설립할 정도의 자원이 충분하지 않았기 때문이다. 소니의 미국 시장 점유율이 올라가자 미국 정부는 반덤핑 규제를 통해 수출을 제한하였다. 소니의 해외 직접 투자는 미국의 반덤핑 규제를 회피하는 것이 주된 동기였기 때문에 초기에는 샌디에고에 직접 투자 형태로 TV 단순 조립공장을 세웠다. 태평양 연안이라 운송이 용이하였고, 모토로라 같은 전자 장비 부품 회사들이 주변에 많았기 때문이다. 그러다가 엔화 상승으로 인해 일본 부품 조달 원가가 높아지자 부품의 현지 직접 생산으로 방향을 바꾸게 된다. 소니는 미국 제품과 호환이 되지 않고 고가인 자사 브라운관을 현지 생산하였고, 멕시코의 티후하나에 부품 조립 공장을 세웠다. 이렇게 1980년대 소니는 당시 혁신 제품과 생산 기술의 강점을 경쟁 우위로 하여 미국 시장에 수출, 직접 투자 형태로 글로벌 전략을 수정해 가면서 미국 현지 경영의 노하우를 축적하여 갔다. 90년대에 들어서는 컴퓨터, 통신, 멀티 미디어 등의 관련 산업으로 범위를 넓혀 가면서 기존 핵심사업의 확장 차원에서 글로벌 전략을 추진하였다.

이와 같이 미국 시장 진입 초기에는 소니의 핵심 사업을 직접투자 형태를 통해 자사 경쟁력을 미국에 이식하는 과정을 밟는 시장 진입 전략을 추진하였다. 그러나 이러한 전략은 2000년대 들어서 소니 제품의 경쟁력이 떨어지면서 한계에 들어서게 된다.

영국 시장 진입 전략

소니가 영국 시장에 진입한 전략을 이해하기 위해서는 당시에 영국의 사업 환경에 대해서 이해해야 한다. 1970년대 영국의 정치, 경제 및 규제 환경은 기업 활동과 시장 경제를 보호하고 장려하는 기조를 갖고 있었다. 외국인 투자자도 영국 현지 기업을 동등하게 대우를 받는 제도적 배려가 있었다. 또한, 영국은 저렴한 공공시설비용, 낮은 세금, 유연한 노동 시장을 갖고 있어서 기업이 원가 경쟁력을 가질 수 있는 여건이 되었다. 영국은 다국적 무역 기회를 실현하고 확보할 수 있는 빠르고 효율적인 운송 시스템을 갖고 있었다. 무료 고속도로, 여러 개의 잘 구성된 도로 네트워크, 해저 터널, 공항 및 항구가 있다. 이것은 기업의 물류 비용을 줄이고 운송 루트를 설계하는 데에 매우 유리한 점이다. 이러한 영국의 사업 환경 조건들은 영국에서 외국인 직접 투자를 수행한 다국적 기업에 게 큰 이점으로 이어질 수 있었다.

소니는 일본과 미국 시장에서의 성공을 통해 기술과 자금력을 확보한 상황이었기 때문에 현지 기업과의 합작 필요성을 느끼지 못하였다. 따라서 소니는 영국 시장을 진입할 때에 100퍼센트 자회사를 설립하는 형태의 대한 외국인 직접 투자를 하였다. Sony UK는 1968년 런던에서 설립되어 웨일즈에 Bridgend와 Pencoed에 두 개의 공장을 투자하여 방송 카메라, 텔레비전 세트 및 부품을 제조하였다. 이 공장에서 생산된 제품은 다른 국가로 수출을 하였다.

소니의 미국 시장의 진입이 정부의 규제 환경을 피하는 것이 동인이 된 것에 반해서 소니의 영국 시장 진입은 우호적 사업 환경을 활용하여 유럽을 공략하는 기지로 활용하는 것이 주 동인이라고 할 것이다.

중국 시장 진입 전략

Sony는 1978년 일본 회사 최초로 중국 시장에 진출을 했다. 소니가 중국 시장에 진출한 가장 중요한 이유는 중국 시장이 규모가 크고 수익성 잠재력이 크다는 것

을 알았기 때문이다. 그 해에 중국은 폐쇄적이던 무역 정책을 변경하고 외국 수입을 허용했다. 중국의 사업 환경은 정부 규제와 개입 때문에 외국 기업들에게는 제한적인 기업 활동이 허용되었다. 당시 중국의 가장 큰 정책 기조는 수출을 장려하고 수입을 축소하는 것이었다. 소니는 이러한 정책 기조에 부응하여서 중국에서 생산된 제품을 수출하는 것을 기본으로 하고 일부를 내수에 판매하는 조건으로 중국 시장에 진출을 하게 된다.

또한, 중국 정부는 외국 기업의 단독 직접 투자를 허용하지 않았는데 외국 자본의 국내 시장 장악을 막으려는 보호 조치였다. 하지만 중국의 노동력이 다른 모든 아시아 국가에 비해 훨씬 저렴하고 교육 수준이 높았기 때문에 시장 규모와 생산 원가 측면에서 놓칠 수 없는 시장이었다. 그래서 Sony는 현지 전자 제품 제조 회사인 Shanghai General Electronics Corporation Limited와 합작 투자 회사 "쇼핑 팩토리"를 설립하였는데 Sony가 70% 이상의 투자를 하였다. 이에 따라, 중국에서 단순한 조립을 만드는 것에서 부품과 완제품을 포함하는 생산 라인을 중국으로 이전했다.

이처럼 Sony의 중국 시장을 진입 전략은 합작 투자 중심이었다. 이런 이유는 중국 정부의 합작투자 규제 정책 때문이기도 했지만 합작 투자의 이점을 활용하기 위한 목적도 있었다. 그동안 중국은 폐쇄된 시장이었기 때문에 소니는 현지에 아무런 사업 역량과 자산을 갖고 있지 못했다. 그래서 현지 회사의 사업 역량 활용하고 현지 소비자와 마케팅 채널 확보하는 것이 중요하였다. 또한 정부 규제가 높은 계획 경제 체제 안에서 사업을 진행하기 위해서는 중국 정부 기관과의 네트워크를 통한 규제 완화 또는 제거가 필요한데 이를 중국 측 사업 파트너를 통해서 진행할 수가 있었다.

글로벌 신규 사업 전략

2000년대에 들어서 소니는 기존 핵심 사업 분야이던 TV, 오디오 분야에서 급속도로 경쟁력을 잃어 가게 되었다. 일본 전체적인 경기 하락과 동시에 소니는 최악의 시기를 맞게 된다. 이 시기의 소니의 실패 요인 중 하나로 지적되는 것은 소니의 폐쇄적 기술 전략이다. 경쟁사보다 뛰어났던 자사 제품과 자사 콘텐츠로만 구성된 폐쇄된 세계를 완성해 소비자에게 제공하려 했다. 이렇게 소니가 사용자 편의성보다는 자사 편의성 위주의 제품을 출시하게 되었고 결과적으로 고객의 외면을 받게 된 것이다.

2012년 신임 CEO 히라이는 경쟁력이 없는 사업은 매각하거나 정리를 하고 인력 감축을 하는 대규모 사업 구조 조정을 하게 된다. 그리고 새로운 성장 동력을 찾기 위한 노력을 통해 하드웨어 사업에서 컨텐츠 사업으로 사업 중심을 옮겨 가게 되었고 지금은 통신, 반도체, 게임, 음악, 영화, 방송 기자재, 자동화 로봇 등으로 다양한 영역으로 확대가 되었다.

이와 같이 기존 제품의 경쟁력 한계를 극복하기 위하여 소니는 하드웨어 사업에서 소프트웨어 사업으로 옮겨가는 제품 포트폴리오 혁신을 하였고, 미국은 새로운 혁신적 산업에 진입하는 기회를 얻기에 최적의 장소가 되어 주었다.

소니가 미국 시장 진입 초기에는 소니의 핵심 사업을 직접투자 형태로 미국에 경쟁력을 이식하는 전략을 추진하였다고 하면, 이후에 새로운 영역의 사업에 진출할 때에는 주로 인수합병이나, 전략적 제휴, 합작 투자 형태로 미국 기존 사업자의 역량과 자원을 활용하여 단기간에 시장에 진입하는 전략을 채택하였다.

2022년 일본 소니 그룹은 영업이익이 전년 대비 9% 증가한 1조 400억 엔(약 10조 8,000억 원)이 될 전망이라고 발표했다. 창업 75년 역사상 처음으로 영업이익 1조 엔을 넘어서게 된다. 주가도 21년 만의 최고치를 기록 중이다.

SONY의 Global 경쟁 전략은 해외 직접 투자를 통해, 현지법인의 사업 포트폴리오를 고도화 하는 패턴을 보여준다.
· TV와 같이 경쟁우위 핵심 사업분야에 우선 진출하여 현지 경영 노하우를 축적
· 점차 경쟁우위가 약한 컴퓨터, 통신, 멀티 미디어 등 신규 분야로 진출
· 하드웨어 사업에서 컨텐츠 사업으로 무게 중심을 옮김
· 진출 초기 핵심사업 분야는 직접 투자 형태
· 새로운 사업분야는 주로 인수합병이나 전략적 제휴, 합작투자의 형태로 진출

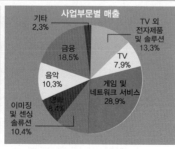

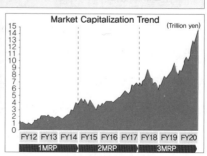

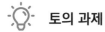 **토의 과제**

1. Sony가 글로벌 시장에 진입하게 된 동기는 무엇이었는가?

2. 국가별로 어떤 시장 진입 전략을 채택하였고 이유는 무엇인가?

3. Sony의 글로벌 전략에서 차별화 요소는 무엇이었고 실패 요인은 무엇인가?

4. Sony의 사례로부터 얻을 수 있는 글로벌 진입 전략이 교훈은 무엇인가?

(인용: Global Auto News, 채영석, 22.3.4 "소니와 혼다 전기차 합작회사 설립" / 조선일보, 최원석, 2021,11.11 "소니가 부활한다, 삼성전자의 미래는?")

이번 장에서는 글로벌 경쟁 전략 모델 IDEA의 세 번째 단계인 글로벌 진입 전략(Entry Strategy)을 수립하는 방법론에 대해 살펴보겠다. 두 번째 단계에서 도출한 글로벌 경쟁 전략을 글로벌 목표 시장에서 실행에 옮길 때 성공 가능성을 높이기 위한 다양한 시장 진입 전략을 사례와 함께 소개를 하려고 한다.

차별화 전략에 성공한 글로벌 기업들은 비용, 제품, 고객 관계 등 다양한 차별적 경쟁력을 갖추고 있다. 그런데, 이러한 차별적 경쟁력이 글로벌 시장 어느 곳에서나 동일하게 적용되지 않는다. 그 이유는 지역별로 거시적 환경뿐만 아니라 경제 및 사회 문화가 다르기 때문이다.

그런데, 기업이 국제화 초기에 해외 사업을 추진하는 많은 기업들은 세계를 동일한 시장으로 보는 경향이 있었다. 본사 주도를 통해 제품을 대량 생산 하고 본사와 동일한 서비스를 통해서 글로벌 시장을 공략하는 글로벌 동질화 전략을 펼쳤다. 이런 전략을 통해서 성공한 기업도 있지만 실패한 기업이 더 많다. 실패 원인은 여러 가지가 있겠지만 가장 큰 실책으로 글로벌 사업을 추구하는 과정에서 현지 국가의 경제 사회적인 사업 환경, 사회 문화 및 고객의 선호도를 고려하지 않은 것을 들 수 있다. 제품과 서비스가 제아무리 좋아도 지역의 문화에 맞지 않고 고객들이 불필요하다고 느끼면 구매가 이루어지지 않기 때문이다.

이러한 사회 경제적 상황을 고려하지 않고 기업이 본사에서 성공한 경험을 가지고 동일한 차별화 전략으로 글로벌 시장에 진입하였다가 어려움을 겪었던 사례를 몇 가지 들어보려고 한다. 좋은 제품을 생산하는 것 못지않게 현지의 문화를 이해한 상태에서 디자인, 상품명, 광고 등을 전개하는 것이 매우 중요하다. 한 국가에서 인기있는 제품이 다른 나라 고객에게는 혐오감을 주거나 엉뚱한 의미로 전달되는 경우가 있다.

미국의 치약 회사인 콜게이트는 자사의 유명 치약 브랜드인 '큐'를 프랑스 시장에 출시했는데 '큐'는 프랑스에서 유명한 포르노 잡지의 이름이었고 또한 불어로 큐(Cue)는 엉덩이를 의미하는 비속어이기도 하다. 결국 콜게이트는 프랑스에서 '큐' 브랜드 론칭에 실패를 겪었다.

자동차 회사는 신모델의 이름을 짓기 위해서 오랜 시간과 큰 투자를 한다. 그럼에도 불구하고 본의와 달리 글로벌 지역 문화에 따라 다르게 해석될 수 있는 실수를 저지르기도 한다. 기아 자동차는 중국에 K4신차를 출시했는데 이를 중국어로 읽으면 케이쓰로 읽혀지고 "죽을 수도 있다"는 "커이쓰"와 발음이 비슷하다. 결국 이런 부정적 의미 때문에 "카이션"으로 이름을 변경했다. 타타는 지카 "ZiKa"라는 신차를 2016년 출시했는데 이때 중남미에서 시작된 지카 바이러스가 세계로 확산 되면서 부정적 이미지 타격을 받게 되었다. 결국은 티아고 Tiago라는 이름으로 바꾸었다. 현대차의 코나는 포르트갈어로 여성의 성기를 뜻하는 속어와 발음이 비슷해서 포르투갈어를 사용하는 지역에서는 코나 대신에 카우아이(Kauai)라는 이름으로 마케팅을 하고 있다. 콜게이트, 자동차 회사뿐만 아니라 한 곳에서 성공한 브랜드를 다른 글로벌 시장에서 그대로 쓰려고 하는 글로벌 기업들의 경우를 자주 찾아볼 수 있다. 그러나 사회 문화적 차이 때문에 같은 단어도 다른 지역에서는 전혀 다르게 해석될 수가 있기 때문에 철저한 현지 사회 문화적 검토가 필요한 것이다.

스포츠 용품 업체 푸마는 아랍에미리트의 독립 40주년을 기념하는 의미에서 한정판 운동화를 제작했다. 푸마는 이전에도 미국, 영국, 프랑스 등 여러 나라의 국기를 차용하여 한정판 운동화를 제작한 적이 있었고 현지에서 좋은 반응을 얻었다. 그런데, 중동 지역에서는 신발은 다른 의미로 받아들여지고 있다. 2011년 이집트 혁명 당시 국민들은 신발을 휘두르며 데모를 할 정도로 중동 지역에서 신발은 부정적인 의미가 담겨 있다. 중동 사람들은 발이나 신발을 더럽고 부정한 것으로 여긴다. 이러한 문화적 차이를 고려하지 못하고 국가의 상징 색이 들어간 한정판 운동화를 출시했으니 시장에서 받아들여지지 못하는 것은 당연한 일이었을 것이다.

아우디가 중국 시장에 성공적으로 진입한 것도 현지 시장의 사회 문화적 측면에서 아우디 브랜드에 대한 소비자 수용도가 높았기 때문이라는 분석이 있다. 아우디를 상징하는 4개의 원이 나란히 겹쳐져 있는 로고를 중국인에게는 8자 두개가 겹쳐져 있는 것으로 인식된 것이다. 중국이 북경 올림픽을 2008년 8월 8일 오후 8

시 8분 8초에 개막한 것만 봐도 중국인들의 '8'자에 대한 애정을 짐작할 수가 있다. 아우디가 의도한 전략은 아니었지만 중국인들에게는 8자가 행운의 상징이기 때문에 아우디를 타면 부자가 될 수 있다는 상상력을 일으킨 것이다.

(주: 위에 소개한 사례들은 다음 인터비즈에 실린 기사와 DBR 150호, 151호에 실린 기사를 참조하여 작성함)

글로벌 현지화(Glocalization)

지금까지 설명한 사례를 통하여서 기업이 글로벌 시장에 진입할 때에는 기업이 갖고 있는 차별적 경쟁력을 현지 시장의 특색에 맞게 재조정하여 지역 특화된 제품과 서비스를 제공해야만 성공할 수 있다는 것을 알 수가 있다. 이런 사실을 반영하여 효과적인 글로벌 전략의 방향성으로 제시된 것이 글로벌 현지화(Glocalization)라는 개념이다. 이것은 국제화(Globalization)와 현지화(Localization)가 조합된 단어로 세계화와 현지화 전략을 동시에 추진해야 한다는 의미가 담겨 있다. 이것은 글로벌화의 '확장성'(Expansion)과 현지화의 '최적화'(Optimization)가 조화된 개념이다. '글로벌로 생각하고 로컬로 행동하라'는 표현으로 설명되기도 한다(Think Global, Act Local). 쉽게 말하면 글로벌 현지화는 여러 국가에 진출하는 글로벌화를 추구함과 동시에 해당 지역의 문화 혹은 고객의 요구에 맞는 제품 및 서비스를 제공하는 것이다.

글로벌 현지화는 두 가지 관점에서 이루어져야 한다. 첫째는 제품과 서비스의 현지화이다. 예를 들면, 맥도날드는 햄버거로 미국 시장에서 성공을 거둔 이후에 전 세계 시장에도 성공적으로 진입한 대표적인 사례이다. 맥도날드의 대표적 상품은 '빅맥'이다. 그런데 이 '빅맥'이 인도에서는 채식주의자의 성향에 맞춰 '맥베지(McVeggie)' 버거로 출시되었다. '맥베지' 외에도 소고기나 돼지고기를 뺀 버거 메뉴들을 많이 개발하였다. 또 인도 양념을 사용하여 개발한 '마하라자 맥(Maharaja

Mac)', '빅 스파이시 파니르 랩(BigSpicy Paneer Wrap)' 등도 있다. 이를 통해 맥도날드는 현재 인도 전역에 걸쳐 300개 이상 매장 운영 및 기록적인 성장을 지속하고 있다. 맥도날드는 한국에서는 불고기 햄버거, 일본에서는 '맥포크(McPork)'를 출시하였다. 이처럼 맥도날드 햄버거라는 차별적 브랜드 제품을 진출하는 국가의 현지 정서에 맞게 지역 특화 상품으로 재개발하였다. 이것이 글로벌 현지화 전략을 실행한 것이다.

유명한 글로벌 기업 중 '코카콜라(Coca-Cola)'와 '이케아(IKEA)' 역시 현지의 특성을 반영한 글로벌 현지화 전략을 구사하고 있다. 코카콜라는 한국 시장에 진출하면서 과일주스 시리즈에 한국식 재료를 추가한 벌꿀 유자차, 매실차 등과 같은 전통 음료를 시장에 내놓았다. 이케아는 아시아 지역에 한해 가구 조립 및 배달서비스를 도입했다.

이처럼 우리에게 잘 알려진 글로벌 기업은 상품 및 서비스를 가장 지역적인 방법으로 판매하고 있다. 성공한 글로벌 기업들의 글로벌 시장 진입 전략은 궁극적으로 글로벌 현지화를 통해서 그들만의 현지 경영 노하우를 확보하였고 그 누구도 넘볼 수 없는 경쟁 우위를 갖추게 되는 것이다.

앞서 언급한 성공 사례와는 반대로 '월마트(War-Mart)'와 '까르푸(Carrefour)'는 현지 시장의 특수성을 반영하지 못한 대표적인 실패 사례로 꼽을 수 있다. 유통 업계의 공룡이라고 불리는 월마트와 까르푸가 각각 1998년과 1996년 한국에 진출했지만 모두 시장에 제대로 안착하지 못하고 2006년 철수를 결정했다. 한국 소비자들의 취향과 문화적 특성을 이해하지 못한 채 자국에서 성공했던 영업 방식을 그대로 들여온 점이 실패의 주요 이유라고 할 수 있다. 한국인들에게 쇼핑이란 온 가족이 함께하는 나들이 성격이 강하다. 도심 외곽에 위치한 월마트와 까르푸의 '창고형 매장' 방식은 한국인들이 기대하는 쇼핑 경험과는 거리감이 있었다. 또한 신선식품을 구매하여 요리를 즐겨하는 한국 소비자들의 취향도 만족시키지 못하였다. 이렇게 한국의 쇼핑 문화를 이해하지 못한 월마트와 까르푸는 한국 소비자의 기호에 맞는 현지화에 실패하였고, 결국 한국 시장에서 철수하였다.

글로벌 현지화의 두 번째 관점은 사업 역량을 현지에서 확보하는 것이다. 기업이 성공하기 위해서는 차별화된 제품이 있을 뿐만 아니라 전략을 실행에 옮기기 위한 역량이 있어야 한다. 역량은 생산 설비, 유통 점포와 같은 물질적 자산의 형태도 있지만 고객과의 친밀도, 재무 운영 역량, 마케팅 노하우 같은 무형 자산(intangible asset)의 형태도 있다. 기업이 글로벌 시장에 진입하기 위하여서는 목표하는 지역 시장에서 이러한 역량들을 확보해야만 한다.

이렇게 글로벌 현지화(Glocalization)는 제품과 서비스의 현지화뿐만 아니라 특정 지역에서의 사업 역량을 현지에서 확보하는 것을 포함한 개념이라고 할 수가 있다.

글로벌 진입 전략 모델

앞에서 기업들의 사례를 들어 설명한 것은 제품과 서비스를 현지 특성에 맞게 재개발하는 것에 초점이 맞추어져 있었다. 이제 소개하는 글로벌 진입 전략 모델은 현지 경영 역량의 확보에 초점이 있다.

글로벌 진입 전략 모델은 현지의 경쟁 역량을 확보하는 방법에 따라서 자산화 방법과 비 자산화 방법 두 가지 유형으로 구분이 된다. 비 자산화 방법에는 수출 및 사업 계약이 포함이 되고, 자산화 방법에는 합작 투자를 하거나 전액 출자하는 100% 자회사가 포함된다. 보통 전략적 제휴라고 하는 방식은 계약과 합작회사 등을 포함한 개념이고 사업 방식에 따라 다양한 형태로 추진할 수가 있다.

이렇게 다양한 글로벌 시장 진입 모델은 세 가지 측면에서 서로 다른 각각의 특징이 있다.

- 진입 방법이 내포한 위험의 정도
- 각 방법에서 필요로 하는 자원의 투자와 관리의 난이도 수준
- 각 방법에서 기대할 수 있는 투자 수익 등

SWOT 전략 매트릭스를 통해 도출된 차별적 경쟁 전략들은 진입 목표 국가와 시장에서 이와 같은 3가지 측면을 고려한 뒤에 최종 진입 방식을 선택해야 한다. 그러면 3가지 측면에서 각 방법의 장·단점을 살펴보자.

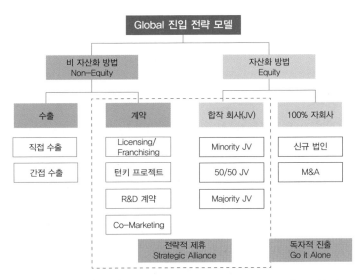

(출처: Pan, Y. and Tse, D.K. (2000) The Hierarchical Model of Market Entry Modes. Journal of International Business Studies)

비 자산화 방법

비 자산화 방법은 기업의 국제화 초기 단계에서 많이 채택을 하게 된다. 또는 목표로 하는 특정 국가와 시장의 리스크가 현저히 높을 때에도 유효한 진입 방식이 되겠다. 큰 범위로 보면 수출과 계약의 두 분야가 있으며 각각의 진입 전략에는 플러스와 마이너스 요인이 있다.

수출의 경우 판매 확대, 유통 물량 통제의 유리함, 제품 생산에만 집중할 수 있는 장점이 있다. 그러나 마이너스 측면에서는 고객과의 거리가 멀다는 점과, 현지 마케터에 대한 의존도가 높아 물적 시간적 비용이 증가한다는 것이다. 낮은 통제 범위와 학습 기회가 적다는 단점도 존재한다.

비 자산화의 방식인 계약에는 다양한 상업적 계약이 포함되는 데 대표적인 예로 라이센싱 계약과 프랜차이징 계약 그리고 Co-Marketing을 들 수가 있겠다.

라이센싱 계약의 경우 플러스 요인은 낮은 개발 비용으로 투자 리스크를 줄일 수 있지만, 핵심 역량을 확보하는데 한계가 있고 항상 경쟁자의 위협이 존재하는 마이너스 요인이 있다.

R&D 계약 방법은 글로벌 지식 기반을 활용할 수 있다는 장점이 있지만 계약의 협상 및 이행이 어렵고 잠재적 경쟁자를 육성시킬 수 있다는 위험을 내포하고 있다.

Co-Marketing은 저비용으로 고객에 접근할 수 있다는 플러스 요인이 있지만, 계약자 상호 간 역할 조정 이슈의 문제가 항상 발생할 수 있는 마이너스 요인이 존재한다.

기업의 국제화 수준이 고도화 되면서 비 자산화 방법의 한계에 부닥치게 된다. 사업의 핵심 역량을 어떤 형태로든 외부에 의존하는 방식으로는 경쟁력의 지속 가능성에 리스크가 있기 때문이다. 그래서, 비 자산화를 통한 글로벌 성공 경험이 축적이 되면 자산화 방법을 통한 목표 시장의 내부자(insider)가 되는 길로 진입 전략의 전환(migration)이 필요하다.

한국 기업들의 성장에 큰 기여를 한 OEM 생산 계약도 비자산화 방식의 한 형태이다. 다음에 소개할 영원무역의 사례를 통해서 OEM 생산 계약의 장·단점을 살펴보자.

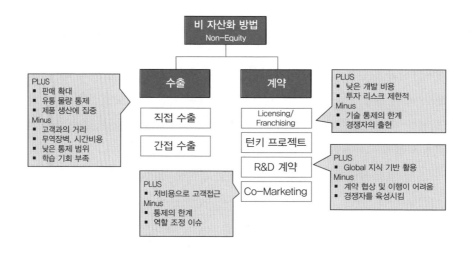

영원무역의 OEM 생산 계약

1974년 설립된 영원무역 홀딩스는 2021.3월 기준 국내법인 3개, 해외 법인 76개 계열사를 둔 글로벌 기업으로 성장을 했다. 영원무역은 아웃도어 의류, 신발 및 가방을 생산하여 전 세계에 수출하는 OEM 생산 전문기업으로 2020년 매출액 2,5조, 영업이익 2,600억을 달성하였다.

영원무역의 가장 큰 경쟁력은 40여 개의 유명 브랜드를 장기 고객으로 보유하고 있는 것으로 노스페이스, 나이키, Puma, Ralph Lauren 등이 포함되어 있다. 영원무역이 생산한 제품은 주로 북미와 유럽에 공급을 하고 있고 아시아에서도 15% 비중을 가지고 있다.

영원무역이 단단한 고객 기반을 확보할 수 있었던 것은 생산 원가 경쟁력 덕분인데 이는 생산 기지가 주로 개발 도상국 저 임금 지역에 위치에 있기 때문이다. 1980년 방글라데시 공장을 세우고, 1995년 중국, 2001년 엘살바도르, 2003년 베트남 및 에티오피아에까지 생산 공장을 확대하여 나갔다.

방글라데시에 생산 공장을 세웠던 배경을 살펴보면 영원무역의 OEM 계약의 장·단점이 무엇인지를 파악할 수가 있다. 방글라데시는 세계에서 제일 임금이 낮고 무엇보다도 영원무역의 가장 큰 수출 장애 요인이었던 선진국의 수출 쿼터 규제 적용이 안 되는 지역이었다. 지금은 영원무역 생산시설의 65%가 입지해 있고, 6만 명에 이르는 현지 종업원과, 방글라데시의 수출 25%를 차지하는 최대 기업이 되었지만 여기까지 오는 길은 순탄하지 않았다. 개발 도상국의 많은 나라가 그렇듯이 노동자 교육수준이 낮고, 시간 관념도 희박한 비 숙련공이라 노동 생산성이 매우 낮았다. 또한 전기, 수도 등 인프라의 취약은 공장 운영을 하는 데 예기치 않은 문제를 많이 일으키기도 하였다. 초기에는 현지 사정에 밝은 현지 파트너와의 합작 형태로 사업을 시작하였는데 사회 문화적 요인과 파트너와의 소통 문제로 갈등을 겪기도 하였다. 그래서 합작을 깨고 단독 법인을 치타공 수출 공단에 별도로 설립하여서 세제 혜택과 특혜 수출 관세를 적용 받게 되었다.

영원무역은 OEM 계약을 유지하기 위하여 저임금 지역에 생산기지를 두어 성장을 하였지만, 이러한 계약 방식은 또한 구매자의 지속적인 가격 인하 요구에 시달려야만 했다. 뿐만 아니라 생산 기지가 자리를 잡게 되면 그 지역의 전반적 임금 상승과 노동 운동의 영향으로 새로운 저임금 지역을 물색해야만 하는 부담도 갖고 있었다.

OEM 계약 중심이라 영원무역은 자기 브랜드를 갖고 있지 못했고, 핵심 부품과 디자인도 구매자에게 의존하는 약점을 갖고 있어 독립적인 브랜드 경쟁력을 갖고 있지 못하였다. 이러한 영원무역의 사업 환경을 PEST 분석 모델과 SWOT로 정리를 하면 다음과 같다.

영원무역 거시 환경 분석: PEST

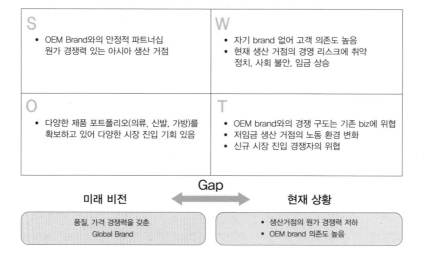

Political Factors	▪ 아시아 생산 거점 국가들의 정치, 사회 불안(쿠데타) ▪ 저임금 지역 생산 거점들이 정부 정책, 노동 운동 등에 따라 원가 경쟁력 감소 추세
Economic Factors	▪ 코로나 팬데믹, 우크라이나 전쟁, 중미 갈등으로 인한 시장 침체 현상 지속 ▪ 소비재 시장은 완전 경쟁에 가깝고, 진입 장벽이 낮아 지속적인 경쟁 위협을 받음 ▪ OEM 생산 방식은 구매자의 가격 인하 요구에 취약
Sociocultural Factors	▪ Globalization과 인터넷으로 인한 지역 간 시장 동조 현상 ▪ K-문화의 Global 영향력 증대 ▪ 의류, 신발, 가방 시장은 유명 brand의 선호도 높음
Technological Factors	▪ OEM에 디자인 및 핵심 부품 기술 의존도 높음 ▪ 환경 보호에 대한 요구 증가로 생산 기술적 도전뿐만 아니라 친환경 원자재 사용에 따른 원가상승 요인 증가

SWOT Implication
전략 방향 제안

▪ Threat
▪ 생산 거점 국가들의 정치 사회 불안
▪ 생산 거점의 임금 상승 추세
▪ OEM 브랜드의 가격 인하 요구
▪ Opportunity
▪ K-패션, 문화 선호도를 활용한 시장 진입 기회
▪ On-line 쇼핑 성장을 활용한 다양한 제품 라인
업 마케팅
▪ 전략 방향
▪ 원가 경쟁력 갖춘 생산 거점 포트폴리오 구축
▪ 자사 global brand 구축 및 적극적 홍보
▪ 친환경 소재 및 생산 기술 R&D 투자
▪ K-문화 영향력 이용한 마케팅

미래 비전과 현실의 GAP

S
• OEM Brand와의 안정적 파트너십
원가 경쟁력 있는 아시아 생산 거점

W
• 자기 brand 없어 고객 의존도 높음
• 현재 생산 거점의 경영 리스크에 취약
정치, 사회 불안, 임금 상승

O
• 다양한 제품 포트폴리오(의류, 신발, 가방)를
확보하고 있어 다양한 시장 진입 기회 있음

T
• OEM brand와의 경쟁 구도는 기존 biz에 위협
• 저임금 생산 거점의 노동 환경 변화
• 신규 시장 진입 경쟁자의 위협

Gap

미래 비전 ⟷ **현재 상황**

품질, 가격 경쟁력을 갖춘 Global Brand	▪ 생산거점의 원가 경쟁력 저하 ▪ OEM brand 의존도 높음

영원무역의 SWOT 분석 내용을 기초로 하여 앞장에서 설명한 SWOT 전략 매트릭스를 통해서 차별적 경쟁력을 확보할 수 있는 전략을 도출해 보자. OEM 브랜드와의 안정적 계약관계라는 강점을 최대한 활용하여 캐시카우를 지속적으로 창출하면서 한편으로는 자체 브랜드를 육성하기 위한 노력이 필요하다. M&A를 통해 기존 업체의 역량을 단시간에 내재화 하는 전략도 매우 유효하다. 또한, 독자적인 R&D 강화를 통해서 생산 기술의 차별화를 위한 노력을 계속해야 한다.

영원무역의 Global 전략: SWOT 전략 Matrix

	강점 Strength	약점 Weakness
기회 **Opportunity**	**SO 전략** • OEM Brand와의 안정적 파트너십을 기반으로 한 사업 성장 전략 • 독자 Brand의 K- 패션 아이템 R&D	**WO 전략** • 자사 brand 구축을 위한 Global 유명 brand M&A • 영원무역 기업 이미지 및 brand 홍보 강화
위협 **Threat**	**ST 전략** • OEM 고객 유지를 위해 저임금 아시아 생산 거점을 활용한 가격 선도 전략 • OEM 생산 기술을 특허 기술화하여 신규 업체 진입 방어	**WT 전략** • 품질 경쟁력과 제품 포트폴리오 확대를 위한 R&D 투자 • 현지 노동생산성 제고를 위한 투자

영원무역의 이러한 전략 방향을 품질-가격 매트릭스를 활용하여 아래와 같이 정리할 수가 있다.

원가 경쟁력을 기반으로 한 가격 선도 전략에서 품질 차별화를 통한 평균화 전략과 동시에 품질 선도 전략까지 구사할 수 있어야 할 것이다. 품질과 원가 경쟁력이 생기면 챔피언 전략을 통해서 자사 브랜드를 단기간에 구축할 수 있는 기회도 가질 수 있을 것이다.

영원무역 차별적 경쟁 전략: Better-cheaper matrix

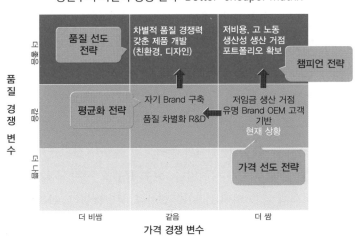

영원무역은 이러한 전략적 방향에 대한 노력의 일환으로 일련의 M&A와 기업 이미지 광고를 강화하고 있다. 영원무역은 1981년 설립된 미국의 브랜드 Outdoor Research를 2014년에 인수해 북미시장으로의 진출을 하였다. 또한 2015년에는 Scott Sports의 한국 합작법인을 인수하면서 글로벌 시장에서 자전거, 오토바이, 스포츠의류 등을 판매하는 기반을 갖출 수 있게 되었다. 2018년 평창 올림픽 후원업체로 기업 브랜드 인지도를 높였다. 이렇게 원자재, 자사 브랜드 확보를 통해 글로벌 시장에 진출할 뿐 아니라, 향후 아웃도어 관련 사업과 연구 개발 분야로의 사업 확장 계획, 원가 경쟁력과 브랜드 파워를 동시에 가지기 위한 노력을 지속하고 있다.

자산화 방법

글로벌 시장에 직접 투자를 통해 진입하는 자산화 방법은 합작회사, 즉 조인트 벤처를 만드는 방법과 100% 자회사를 신규 설립하는 방법 또 M&A를 통해서 기존 회사를 인수하는 방법이 있다. 특히 합작회사는 전략적 제휴의 대표적인 형태라고 할 수 있다. 많은 글로벌 기업들이 자산화 방법을 통해 지역 시장에 진입을 하려 노력을 하고 있다. 먼저 방법상의 특징을 설명하고 대표적인 글로벌 기업의 성공과 실패 사례를 살펴보겠다.

합작 회사

합작 회사를 설립하여 진입하는 방법은 비용과 리스크를 현지의 기업과 공유하고 분산시킬 수 있는 장점이 있다, 예를 들면 파트너의 역량을 활용하여 해당 정부의 규제를 회피할 수 있는 장점이 있다. 그러나 단점으로는 합작 파트너 간에 목적과 문화적 차이로 인해서 갈등이 발생할 수 있는 리스크가 항상 있다. 그래서 계약 시에 R&R에 대한 명확한 정의가 필요하다. 또한 현지의 규제 환경 변화에 따른 사업의 정치적 리스크도 여전히 상존하고 있다.

중국 시장에 합작회사를 통해 진입하려 하였던 프랑스 기업 '다농'의 사례는 합작회사의 리스크를 잘 보여주는 사례이다. 생수 브랜드 '에비앙'을 소유한 다농은 1996년 중국 생수 브랜드 '와하하'와 합작 회사를 설립하였다. 합작회사가 중국시장 점유율 23퍼센트를 차지하는 단계까지 이르자 합작 파트너 '와하하'는 합작 회사가 독점적으로 사용하기로 한 와하하 브랜드를 그 자회사에서 사용하기 시작하였다. 다농은 소송에 나섰지만 중국 정부가 에비앙 생수에서 대장균이 나왔다는 조사 결과를 발표하며 와하하 편을 들자 소송을 취하하고 합작법인도 청산하게 되었다.

또 다른 사례로 CJ 홈쇼핑은 2004년 상해미디어 그룹과 동방 CJ라는 합작회사를 설립했다. 동방 CJ가 2006년부터 흑자로 전환하고 2012년 매출 1조 원을 달성하자 중국 측 파트너가 CJ 홈쇼핑이 보유한 합작회사 지분 매각을 요구하였다. CJ 홈쇼핑은 압박에 밀려서 사업 초기 사업 지분율 49%에서 15% 수준까지 줄여 나가다가 결국은 중국 시장에서 철수하였다.

중국 시장 점유율 1위였던 금호타이어의 현지 합작사는 2011년 중국 국영 CCTV 소비자 고발 프로그램 편파 방송 후 흑색 선전에 시달리다가 2018년 중국 기업에 매각이 되었다.

(주: 위의 사례는 조선 경제 2023.6.13 기사 인용함)

P&G 사례: 합작회사를 통한 일본 진입 전략

P&G는 170년의 전통을 가진 소비재 사업의 글로벌 일류 기업이다. P&G의 경쟁력은 신규 제품 개발 능력, 소비자 선호에 맞춤형 마케팅, 그리고 브랜드 관리 시스템 등이다. 그리고 제품의 브랜드 책임자가 담당 제품의 생산, 판매 및 마케팅을 모두 책임지는 구조로 시장에서 브랜드 인지도 및 신뢰도가 최상인 업체이기도 하다. 예를 들면 아이보리는 100년 브랜드, 타이드세제는 50년이상 지속 브랜드이다. 미국 내 소비재 시장 점유율은 경쟁사보다 4배의 점유율을 갖고 있고, 유럽에서도 2위의 시장 점유율을 갖고 있다. P&G는 2차대전 후 적극적인 글로벌 시장 진입 전략을 추진하였다.

P&G의 아시아 시장의 진출은 1970년대 초 일본 소비자 시장에 본격적으로 진입을 하면서 시작하였다. 당시 일본 소비재 시장에서 가장 강력한 경쟁사는 KAO였다. KAO의 강점은 연구개발 능력뿐만 아니라 일본 소매상 유통망의 65%를 장악하고 있었다. 또한 IT 네트워크와 연결된 물류시스템도 갖고 있었다.

일본시장의 특성은 소비자가 고품질 고가 제품을 선호한다는 것과 소량으로 제품을 구매하는 구매 패턴을 갖고 있었다. 그래서 소비자들이 동네 슈퍼 이용률이 매우 높았다. 그러다 보니 유통 구조도 미국처럼 대형 슈퍼마켓 중심이 아니라 1차 도매상과 2차 도매상을 거쳐서 동네 슈퍼마켓으로 연결되는 복잡한 구조를 갖고 있었다.

강력한 경쟁사와 복잡한 유통 구조를 특징으로 하는 일본 시장에 P&G가 진입하기 위해서는 일본시장을 잘 파악하고 있는 파트너가 필요하였다. 그래서 1972년 일본 소비재 2류 기업인 Nippon Sunhouse와 합작투자를 통해 시장을 진입하였다. P&G가 합작사로 정한 Nippon Sunhouse는 경쟁에 밀려 파산 직전에 몰린 기업이었다. 그럼에도 P&G가 2위 업체와 합작 회사를 세운 이유는 자사 제품의 경쟁력에 대한 확신이 있었기 때문에 합작 파트너의 제품 개발 역량은 중요한 의사 결정 변수가 아니었다. P&G가 파트너에게서 필요로 한 것은 그들의 전국적 판매 조직과 축적된 시장 정보를 활용하는 것이었다.

초기 글로벌 단계에서는 본사 주도로 해외에 진입할 제품을 선정하고 출시를 했다. 그래서 일본 진출 시에 일본과 차별화된 제품과 마케팅 전략을 앞세워서 소비자를 공략하였다. 차별화 제품으로는 미국과 유럽 시장에서 이미 성공을 한 Cheers 브랜드 세탁 세제와, 일회용 기저귀 Pampers를 선정하였다. 광고도 일본 경쟁사가 회사 이미지 광고에 주력한 것과 달리 제품 브랜드 중심의 광고로 제품의 차별성을 알리는 데 초점을 두었다. 마케팅 활동도 중간 도매상을 거치지 않고 소비자에게 직접 판촉하는 방식을 택하였다. 초기에 이런 차별화된 제품과 본사 주도 마케팅은 성공적이어서 시장 진입 6년만에 세제 시장 점유율은 20퍼센트 이상, 일회용 기저귀 시장 점유율은 90퍼센트 이상을 차지하였다.

그러나, 이런 차별화 전략은 일본 경쟁사들의 반격으로 무력화되어 가고 치열한 경쟁 구도가 만들어 졌다. 우선은 KAO, LION등 경쟁사들이 R&D를 통하여 고품질 건강 세제 제품을 출시하기 시작하면서 제품 차별화 요인이 감쇄되었다. 게다가 글로벌 소비재 시장의 주 경쟁사인 유니레버도 일본 자회사 UNICHARM을 통하여서 고품질에 저가 전략으로 제품을 출시를 하였다. P&G가 이렇게 제품 자체의 차별적 경쟁력을 상실하게 되면서 결과적으로 1980년 초에는 일회용 기저귀 시장 점유율이 20% 이하로 하락하고 영업 손실까지 보게 되었다.

이렇듯 P&G가 일본 시장 진입 초기에 일구어낸 성공을 지속적으로 이어가지 못한 이유로는 우선 본사 중심의 제품 개발 및 본사 정책에 의존한 사업 전략을 가

졌기 때문이라 볼 수 있다. 그래서 충분히 새로운 세제 개발 능력이 있음에도 경쟁 사보다 신제품 출시가 늦어지게 되었다. 이것은 또한 과거 유럽 등 다른 시장에서 의 성공으로 인한 자만심으로 인해 일본 소비자의 구매 특성을 이해하지 못한 결 과이기도 하다. 일본 시장에서 유통망의 중요한 축인 도매 사업자를 제치고 소비자 판촉을 직접 한 것도 결과적으로 일본 시장의 유통망을 장악하지 못하는 결과를 낳았다.

이러한 실패 요인을 인식한 P&G는 1980년대 후반부터 시장 전략의 변화를 꾀 하였다. 예를 들면 아시아 시장은 P&G의 기존 제품을 파는 것이 아니라 독특한 소 비자의 취향을 분석하고 이에 맞는 특유한 제품, 유통 및 판촉 전략을 전개하기 시 작하였다. 특히 일본은 신제품의 테스트 베드 역할을 해서 고품질 프리미엄 제품을 우선 출시하고 이후에 아시아 시장에 소개하는 방식을 택하였다. Max Faxtor라는 화장품 회사를 인수하여 고품질, 고가의 명품 전략으로 SK-II 출시에 성공을 했고 2018년 Merck로부터 헬스케어 사업부 인수하여 제품 포트폴리오도 강화하였다.

P&G의 일본 시장 진출 사례를 통해서 배울 수 있는 것은 합작 회사를 통해서 단기간에 시장 진입에 성공을 할 수는 있지만, 지속적인 성장을 하기 위하여서는 제품 개발, 생산, 마케팅 모든 측면에서 글로벌 현지화(Glocalization)가 필요하다는 것이다.

(위 사례는 하바드 대학 사례집과 장세진 저 '글로벌경영' 내용을 참조하여 작성한 것이다)

100% 자회사 설립

100% 자회사를 설립하는 방법으로는 신규 법인을 개설하는 방법과 M&A를 통 해 진출하는 방법이 있다. 신규 법인 개설의 경우 플러스 요인으로는 사업을 독자 적으로 운영할 수 있고, 지적 자산을 보호 할 수 있다는 장점이 있다. 그러나, 현지 특수 상황을 자체적으로 대응해야 한다는 단점이 있다. 그래서, 정부의 규제에 대 해서 취약할 수도 있고, 지역에 특화된 역량을 확보하는 데 시간이 많이 소요될 수 도 있다. 먼저 100% 자회사를 글로벌 시장 진입 전략으로 채택한 아모레 퍼시픽 사 례를 살펴보자.

아모레 퍼시픽의 글로벌 시장 진입 전략

1945년 태평양 화학 공업사로 창업하여 2002년 사명을 변경한 아모레 퍼시픽은 한국 화장품 산업에서 선구자적 역할을 했왔다. 미안수(스킨로션)와 구리므(크림) 제품을 시작으로 고급 용기 라벨을 사용한 ABC 화장품 등 히트 상품을 잇달아 내놓으면서 내수시장의 입지를 다졌다. 글로벌 시장에 진출은 1964년부터 국내 최초로 화장품 수출을 시작하여 1984년에는 이천만 불 수출의 탑을 수상하기도 하였다. 이처럼 초기에는 아시아 수출 중심의 글로벌 진입 전략을 채택하였다.

유럽 진입 전략

2000년 초에는 프랑스에 100% 자회사 형태로 현지 생산공장을 세우고 유럽 화장품 시장에 도전장을 내놓았지만 실패를 겪었다. 당시의 실패 요인으로 지적된 것은 우선 한국산 제품에 대한 시장 인지도가 부족해서 소비자에게 외면을 당한 것을 꼽을 수 있다. 또한 프랑스 화장품 시장에 대한 이해도 부족하였다. 예를 들면 한국의 소비자는 기초 화장품 수요가 많았는데 유럽에서는 색조 화장품 비중이 높아서 제품 라인이 경쟁력이 없었다. 그렇다 보니 한국에서 성공한 제품을 프랑스에서 재현하려고 하는 데만 주력을 하였고 무늬만 프랑스 생산 제품이지 현지 시장의 요구를 맞추는 데에는 부족했던 것이다. 그리고, 글로벌 경영의 경험이 없다 보니 한국인 중심으로 현지 경영을 하면서 현지 직원들을 조직에 안착시키는 데 어려움을 겪을 수밖에 없었다.

이러한 아모레 퍼시픽의 유럽 공략 실패는 한마디로 앞서 설명한 글로벌 현지화(Glocalization)를 제대로 이루지 못한 때문이라 할 수 있겠다.

이후에 아모레 퍼시픽은 종전의 프랑스 진입 전략을 바꾸어 새로 도전을 하게 된다. 100% 자회사를 설립하는 방법은 동일했지만 자회사의 운영 방법은 완전히 바꾸었다. 그것은 "Make up Strategy" 라는 철저한 현지화 전략으로 제품 선정에서부터 생산 마케팅의 전 가치 사슬(value chain)에서 현지화를 한 것이다. 우선 주력 제품으로 향수를 선정하였다. 기초 화장품에 경쟁력이 있었지만 향수는 기능보다는 이미지 비중이 높고 유럽에서는 수요도 커서 시장 진입이 용이하였다. 또한, 향후의 본 공장인 프랑스에서 브랜드를 구축하고 디자인하는 것이 한국보다 효과적이다. 브랜드도 디자이너 롤리타 렘피카(Lolita Lempicka)의 이름을 따서 정하고, 향수 용기도 현지인 디자이너가 개발을 하게 했다. 이와 같이 아모레 퍼시픽의 글로벌 현지화 전략은 개발, 생산, 판매, 광고의 모든 과정을 현지인이 직접 실행하도록 하고 현지 법인의 책임자도 크리스챤 디올의 향수 담당 마케팅 전문가를 현지 법인 사장으로 영입하였다. 이러한 철저한 현지화로 인해서 아모레 퍼시픽은 향수 분야 최고 권위자인 FiFi재단으로부터 유럽 최고 향수상을 수상하기도 하는 큰 성공을 거두었다.

아시아 진입 전략

아시아 시장은 유럽 시장과 달리 문화적 동질감이 강하고 피부 특성과 화장법이 유사한 면에서 진입이 상대적으로 용이한 시장이다. 그래서 아시아에서는 아시아인의 피부에 맞는 기초화장품을 주력 상품으로 했다. 예를 들면 라네즈 브랜드는 중국에 진출하기 전 3년간 중국 현지 소비자 3,500명을 대상으로 피부 특성과 화장품 소비 패턴을 조사하여 수분 라인을 강화한 기초 화장품을 내놓았다. 아시아 시장에서의 성공은 K-pop, 한국 드라마 영향으로 한국식 메이크업과 헤어스타일 인 K 뷰티 열풍의 덕을 보기도 하였다. 송혜교와 같은 한류 스타를 활용하여 한국 브랜드를 강조하는 광고 전략도 채택했다. 5개 주요 브랜드(설화수, 라네즈, 마몽드, 에뛰드, 이니스프리)를 중심으로 중국과 아시아에 진출을 하고 있다. 이러한 아시아 시장에서의 성공은 수출 중심의 시장 진입 전략이 유효했는데 이는 한국에서 생산한 제품에 대한 선호도가 있었기 때문에 가능하였다.

2014년에는 중국 생산 연구 물류의 통합 허브인 상하이 뷰티 사업장을 준공하는 등 중국 시장에서의 성공을 현지화 전략으로 이어가려는 노력을 기울이기도 하였다. 그러나, 코로나 펜데믹에 이어 미 중 관계의 악화에 따른 급속한 중국 시장의 환경 변화는 아모레 퍼시픽에게 새로운 시장 진입 전략을 요구하게 되었다.

아모레 퍼시픽의 글로벌 진입 전략을 요약해보면 지역별 특성에 맞추어 유럽에서는 100% 자회사 설립을 통해 철저한 생산 마케팅의 현지화 전략(Make up Strategy)을 추진하였고, 아시아에서는 한국산 제품과 브랜드를 차별적 강점으로 내세운 수출을 통한 시장 진입 전략을 채택하였다.

토의 과제

1. 아모레 퍼시픽의 롤리타 렘피카가 프랑스 향수 시장에서 성공한 요인은 무엇인가?
2. 아모레 퍼시픽이 향후 한국 브랜드로서 더욱 경쟁력을 갖추기 위해서는 어떠한 전략이 필요한가?

(본 사례는 한국기업의 글로벌경영사례집(박영사, 2003년)에 게재된 "태평양화학의 프랑스 향수시장진출" 사례에 기초하여 작성되었다.)

글로벌 M&A 전략

M&A는 기존의 Set up된 기업의 역량을 바로 자사에 내재화 시킬 수 있으며 보다 신속하게 현지 사업을 추진할 수 있는 플러스 요인이 있다. 마이너스 요인으로는 인수 후 통합의 어려움, 높은 투자 비용, 인수된 기업이 가지고 있는 잠재적 리스크를 함께 수용해야 한다는 이슈가 있다. 인수 후 통합 문제로 실패한 M&A 사례로 많이 인용되는 것이 크라이슬러와 다임러의 합병이다. 처음에는 천상의 결혼으로 불리던 합병이 결국 최악의 이혼으로 결별이 났다. 자동차 차종의 포트폴리오와 구매 고객층 그리고 시장의 세그먼트 모든 측면에서 통합 시너지가 날 수도 있었는데 실패를 한 이유에 대해서 많은 전문가들이 분석을 하였다. 전문가들이 진단한 가장 큰 실패 요인은 의사결정 관련 조직 문화의 차이를 지적했다. 두 회사는 합병 후에 통합 구매, 통합 마케팅 등 여러 시도를 하였지만 조직 문화의 차이로 의사결정을 못하고 통합 전처럼 각자 살림을 하였다. 결국은 통합의 시너지 효과도 못 얻었고, 다임러는 크라이슬러를 헐값에 매각할 수 밖에 없었다.

이와 같이 M&A를 통한 글로벌 시장 진입 전략은 단 시간에 경쟁 역량을 구축하는 데에 매우 효과적이지만 이질적인 두 회사를 하나의 경영 체제로 통합하는 데에는 하드웨어와 소프트웨어 측면에서 매우 신중하게 계획되어야만 하는 것이다.

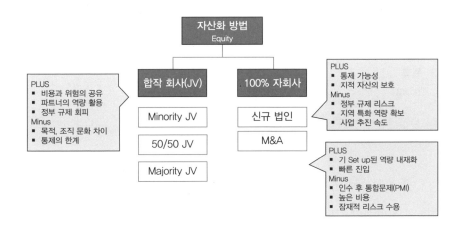

소니 사례

본 장의 서두에 소개된 소니의 사례를 살펴보면 M&A 전략을 매우 성공적으로 실행한 것을 발견할 수 있다. 하드웨어 중심의 회사에서 소프프웨어, 콘텐츠 회사로 거듭나기 위하여 내부에는 없거나 부족한 역량을 글로벌 시장에서 M&A를 통하여 확보한 것이다. 이러한 SONY의 전략은 SWOT 전략 매트릭스를 통하여 확인할 수가 있다. 강약점 분석에 기초한 전략 매트릭스 상에서 소니의 취약한 마케팅 및 현지 사업 기반을 확보하기 위하여 적극적인 M&A가 필요함을 제안하였다. 또한 디지털화 컨텐츠 중심의 메가트렌드에 빠르게 대응할 수 있는 방법론으로 M&A가 효과적인 기술 내재화의 옵션 임을 소니를 통해서 확인할 수가 있다.

SONY의 Global 경쟁 전략: SWOT 전략 Matrix		
	강점 Strength	약점 Weakness
기회 Opportunity	SO 전략 • 메가 Trend에 대응 제품 포트폴리오 혁신으로 Global 성장 시장 공략 • 가격 경쟁 강점을 살리기 위한 현지 부품 조달 전략 • 지역 수요의 특성에 맞는 신제품 개발 전략	WO 전략 • Global 혁신 기업들과의 전략적 제후, M&A 등으로 취약한 마케팅, 신규 사업 기반 확보 • 현지 value chain 구축으로 경쟁력 강화 • 신기술을 활용한 제품 및 서비스 다각화 전략

	ST 전략	WT 전략
위협 **Threat**	• 일본에 집중된 R&D 및 제품 개발 기능을 혁신을 리드하는 Global 거점으로 이전 • 환율 리스크 대응을 위해 현지 부품 조달 및 생산 거점 확보 (직접 투자 및 M&A)	• 반덤핑 규제 등 미정부의 비관세 장벽에 대응을 위해 미국 현지 생산 및 마케팅 체제 구축

소니가 단시간에 혁신적 제품 포트폴리오를 갖출 수 있는데 기여했던 M&A의 사례를 보면 아래와 같다.

- 1988년 CBS 레코드 인수 음반산업 진출
- 1989년 Columbia Pictures 인수영화산업 진출
- 1991년 컴퓨터 주변기기 사업 진출
- 1994년 Qualcomm과 합작, CDMA 단말기 생산
- 2002년 Ericsson과 합작투자 무선전화기 생산
- 2014년 헬스케어, 드론, 교육 분야에 진출
- 2018년 음반사 EMI 인수하여 컨텐츠 사업 강화
- 2020년 차량 Vision-S를 출시, 전기차 사업 진출
- 2022년 HONDA와 합작으로 전기차 사업 진출
- 2022년 TSMC와 합작으로 반도체 공장 설립

삼성전자 사례

삼성전자는 소니와 유사하게 퀵 윈 Quick Win을 할 수 있는 M&A 전략을 통해서 기술 경쟁력과 제품 포트폴리오를 강화했다. 물론 경쟁력 없는 제품에 대한 과감한 출구 전략도 병행을 하였다. 예를 들면 프린터 사업부를 HP에 1.1조 원에 매각하였다. SWOT 전략 매트릭스를 통해서 이러한 M&A 전략의 필요성을 확인할 수가 있다.

	강점 Strength	약점 Weakness
기회 Opportunity	**SO 전략** • Speedy한 실행력 • 기존 사업의 재무적 성과를 기반으로 한 대규모 투자 역량 • 혁신적 Digital 기술을 활용한 미래 성장 사업 발굴 　- 인공지능, 5G, 바이오 사업 등	**WO 전략** • M&A로 소프트웨어 사업 경쟁력 확보 　- 홈 네트워크, 사물 인터넷, 클라우드 서비스, 모바일 결재 플랫폼, AI플랫폼, 커넥티드카 전장 기술, 보안 전송기술, 자율주행 • 글로벌 경영 시스템 정착 　- 획일적, 관리적 문화에서 창의적이고 혁신적 문화로 변화
위협 Threat	**ST 전략** • 가격 경쟁 강점을 살리기 위한 현지 부품 조달 파트너십 구축 • 종합 반도체 기업(IDM)으로 혁신적 변환 　- 시스템반도체, IP, Fabless, 파운드리 • 생산 거점 다변화로 중국 의존도 낮춤	**WT 전략** • 환율변동에 취약한 약점을 극복하기 위한 대규모 Global 생산 거점 확보(직접 투자 및 M&A) • 현지 업체와의 전략적 제휴 (생산 및 R&D 합작투자, OEM, 라이선스)

　삼성전자는 2010년대 후반부터 M&A를 통한 혁신적 기술 확보에 주력해서, 홈 네트워크, 사물 인터넷, 클라우드 서비스, 모바일 결재 플랫폼, AI플랫폼, 커넥티드카 전장 기술, 마그네틱 보안 전송기술, 자율주행 등 분야에 역량을 확보해 나가고 있다. 제일 큰 규모는 2016년 Harman을 8조 원에 인수하며 connected car solution 사업을 강화하였다. 인수합병은 미국을 포함 9개 국가에서 이루어졌고, 주 인수 대상은 인터넷 소프트웨어와 서비스 사업분야로 47% 비중을 차지한다.

　지금까지 글로벌 시장 진입 모델들이 갖고 있는 장·단점에 대해서 살펴 보았다.

　요약한다면, 각 진입 모델이 내포한 위험의 정도, 투자와 관리의 난이도 수준, 기대 수익 등을 고려하여 글로벌 진입 방법을 선정해야 한다는 것이다. 그러므로, 우리가 도출한 글로벌 경쟁 전략을 특정 시장에서 성공적으로 실행에 옮기기 위해서는 다음과 같은 질문을 하면서 대안을 찾아야 하겠다.

- 어떤 글로벌 시장 진입 모델이 우리의 사업 전략에 가장 적합한가?
- 선호하는 진입 모델은 Risk, 투자, 수익성 측면에서 어떤 특징을 갖고 있는가?
- 선택한 진입 전략 모델의 파트너는 누가 적합한가?
- 파트너와는 어떤 조건과 내용으로 협력할 것인가?

이러한 질문을 통해 우리의 글로벌 사업 전략에 최적인 진입 모델을 선택할 수 있겠다.

전략 모델의 결정

- 어떤 진입 전략 모델을 활용할 것인가?

- 왜 이 모델을 선택하였는가?

Model 실행 계획

- 전략 모델을 누구와 할 것인가?

- 어떤 조건과 내용으로 할 것인가?

그러면 SK E&S의 사례를 통해서 글로벌 진입 전략 모델을 어떻게 선택했는지를 알아보도록 하겠다. SK E&S의 SWOT 전략 매트릭스를 통해 도출된 글로벌 경쟁 전략은 다음과 같이 정리될 수 있다.

- Global LNG Value Chain 구축을 통해 차별적 가격 경쟁력 확보
- Local LNG player들과 전략적 제휴로 Infra project 참여
- 국내외 Captive Market 확대하여 LNG 사업 규모의 경제 확보
- Global Major들과 안정적, 경제적인 LNG 공급 계약 체결
- SPOT 시장 trading 물량 확대
- Global project financing 역량 확보

▪ Global LNG 사업 전문가 Pool 확보

SK E&S는 글로벌 경쟁 전략의 분야에 맞추어 다양한 글로벌 시장 진입 모델을 채택하였다.

비 자산화 방법으로는 SPOT trading을 통한 직접 수출, 미국 액화 플랜트 운영 계약, 중국 LNG 터미널 사업자와 Co-Maketing 계약 등을 채택하였고, 자산화 방법으로는 조인트 벤처와 100% 신규 법인도 설립을 하였다. 또 다른 관점으로는 전략적 제휴 방식을 가장 많이 그리고 효과적으로 활용하였다고 할 수 있다.

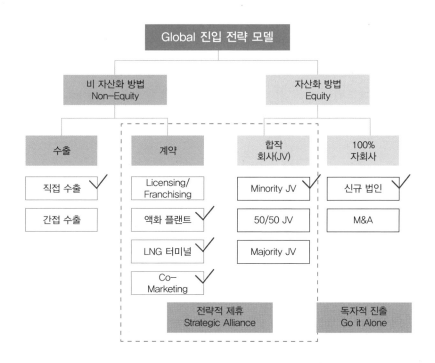

세부 내용을 살펴본다면, 다음과 같은 적극적인 글로벌 진입 전략을 추진하였다.

▪ '11년 싱가폴 Trading 법인 SK PRISM 설립 및 Trading 개시
▪ '12년 호주 바로사 칼티다 가스전 지분 37.5% 매입 및 탐사 개시, '22년 FID 결정
▪ GS와 보령 LNG 터미널 합작투자
  - '13년 투자 계약 및 건설 개시, '17년 운영 개시, 현재 330만 톤/년 규모로 물량 확대
▪ 미국 Shale gas전 투자

- '14년 미 최대 Independent E&P 업체인 Continental Resource와 JDA 체결 및 투자 개시
- 미국 Freeport LNG 액화 Plant 전략적 제휴
  - '13년 계약 체결, '20년 운영 개시, 현재 220만 톤/년 물량을 수출하고 있음
- '20년 중국 저우산 LNG 터미널의 10% 지분 확보 및 50만 톤 판매 권리 확보
- '20년 베이징 가스 자회사 지분 확보 및 저우산 LNG 터미날 도입 물량 판매
- 국내 LNG 발전소 신규 건설로 LNG captive 수요 확대
  - 기존 광양 LNG 발전소에 추가로 파주 LNG 복합, 위례/하남 열 병합 발전소 운영 및 여주 LNG 복합 발전소 건설 중

SK E&S는 이와 같이 글로벌 사업을 성공적으로 추진하였고 지금도 지속적으로 성장을 하고 있다.

지금까지 글로벌 경쟁 전략 모델 IDEA의 3번째 단계인 Entry Strategy, 글로벌 진입 전략 모델에 대하여 학습을 하였다.

종합 실습 과제

본 장의 서두에 제시된 SONY의 사례를 보면서 다음의 토의 과제를 작성하기 바란다.

작성한 후에는 첨부 자료에 있는 예시를 활용하여 보완을 한다.

토의 과제

1. Sony가 글로벌 시장에 진입하게 된 동기는 무엇이었는가?
2. 국가별로 어떠한 시장 진입 전략을 채택하였고 이유는 무엇인가?
3. Sony의 글로벌 전략에서 차별화 요소는 무엇이었고 실패 요인은 무엇인가?
4. Sony의 사례로부터 얻을 수 있는 글로벌 진입 전략의 교훈은 무엇인가?

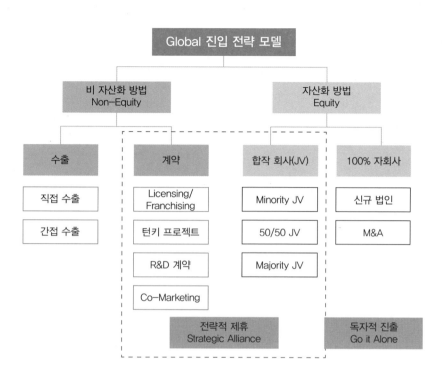

Chapter 05

실행 계획의 수립

나이키의 글로벌 경영

나이키는 1964년 오레곤 대학교 육상 코치인 빌 바우어만과 전 육상 선수였던 필 나이트에 의해 설립되었다. 일본 Onitsuka Tiger가 제공한 운동화를 판매하던 회사는 1978년 독립적으로 신발을 제조하면서 공식적으로 Nike, Inc.가 되었다. 이 회사는 그리스 승리의 여신인 Nike의 이름을 따서 명명되었으며 세계적으로 유명한 "swoosh" 엠블럼과 새롭고 독창적인 운동화 디자인을 만들었다. 나이키는 불과 2년만인 1980년 미국 운동화 시장의 50%를 점유하며 기업공개를 했다. 나이키는 현재 세계 최대의 운동화 및 의류 공급 업체이며 6,000명 이상의 직원이 오레곤 주 비버튼 근처에 위치한 Nike 본사에서 근무한다. Nike의 지속적인 성공은 고품질 신발, 의류, 액세서리 및 장비에 대한 회사 고유의 디자인, 개발 및 마케팅 전략 때문이다.

2020년 전 세계 신발 시장 규모는 3,700억 달러로 추정되며 2027년에는 약

5,300억 달러에 이를 것으로 예상된다. 나이키의 주요 경쟁사는 리복, 아디다스, 푸마, 언더아머이다. 대부분의 신발 제조업체는 의류 제품 포트폴리오를 확장하기 위해 패션 디자이너와 제휴하고 있다. 결과적으로 소비는 피트니스 트렌드, 패션 트렌드에 민감한 10대 및 젊은 층에 의해서 계속해서 주도될 것이다. 회사의 타겟 고객은 활동적인 라이프스타일과 고품질의 상품을 선호하는 18세에서 35세 사이의 남녀이다. 인도와 중국은 인구가 가장 많고 피트니스 트렌드가 있지만 아직 고품질 고가의 프리미엄 시장은 성장 초기 단계에 있다. 인도와 중국은 대부분의 글로벌 브랜드가 집중하는 시장이지만, 나이키의 매출은 아직까지 북미와 유럽이 가장 비중이 높다.

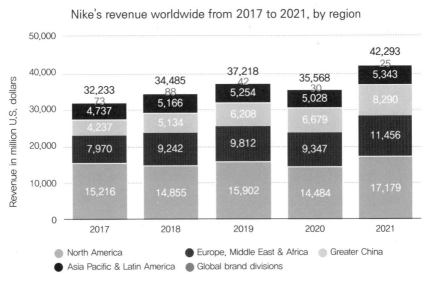

Nike's revenue worldwide from 2017 to 2021, by region

Details: Worldwide; Nike; 2017 to 2021

Nike, Inc.는 미국에 본사를 둔 스포츠웨어 및 장비 회사이며 세계 최대의 운동화 및 장비 생산업체이다. Nike는 2003년 Converse, 2007년 Umbro와 같은 스포츠 의류 회사를 인수하였다. Nike는 이후 모빌리티, 소셜 미디어, 분석 및 스마트 제품과 같은 새로운 디지털 기술과 혁신에 지속적으로 관심을 기울여서 수년 동안 운동 용품 산업 분야에서 많은 인수 합병을 하였다. Cole Haan, Bauer Hockey, Hurley International, Starter 등도 나이키에 인수되었다.

Nike는 2005년 매출 130억 불에서 2021년 매출은 USD 445억 불을 달성하였다. 미국에서는 다음 경쟁자의 5배의 매출 규모이다. Nike는 제품 포트폴리오와 유통 채널을 지속적으로 혁신하고 발전시켜왔다. 나이키의 성공을 이끌어 온 핵심 역량의 강점과 약점, 위협과 기회를 분석하면서 나이키의 성공 요인을 파악하고 또한 앞으로 어떤 도전을 극복해야 하는지를 알아보자.

💡 강점

첫 번째 강점은 거의 모든 사람들이 알고 있는 강력한 브랜드 인지도이다. 브랜드 이름이 없더라도 스워시 엠블럼을 보면 고객은 여전히 나이키 브랜드를 인식할 수 있다.

두 번째 강점은 광범위한 판매망이다. 미국에만 약 18,000개의 소매 계정이 있으며 미국 이외 지역에는 약 30,000개의 국제 소매점이 있다. 또한 200개 국가에 도매상을 통해 독립적 유통 업체에 제품을 판매한다.

세 번째 강점은 연구 개발 역량이다. 최신 기술의 신발과 운동복을 실험할 수 있는 프로 운동 팀들과의 계약을 갖고 있다. Cristiano Ronaldo, Rafael Nadal, Lebron James, Rory Mcllroy와 같은 많은 유명 프로 운동 선수들이 그들의 제품을 사용하고 그들의 기술과 디자인을 광고한다. 또한 Nike는 Barcelona, Chelsea, Paris Saint-Germain과 같은 다양한 스포츠 팀과 많은 미국 대학을 위한 유니폼을 제공한다.

네 번째 강점으로 생산 원가 경쟁력을 갖고 있다. 시장 환경의 변화에도 불구하고 Nike는 네트워크화된 조직 구조를 유지했다. 연구, 마케팅, 생산과 같은 비즈니스 센터를 분산했을 뿐만 아니라 가장 중요한 작업인 제조 자체를 하도급하였고, 이 외에도 여러 관리 업무와 비중이 낮은 업무들을 아웃소싱하였다. 나이키의 국제 분업 생산 체제에 따라 거의 모든 Nike 신발은 미국 이외의 아시아 및 라틴 아메리

카에서 제조된다. 나이키는 신발을 직접 만들지 않고 외주 생산을 한다. 신발 제조는 매우 노동 집약적이며 절단, 스티칭, 성형 및 패킹등의 공정을 거치는 데 한 쌍당 최대 200개 부품이 들어간다. 신발을 만드는 데 사용되는 재료는 천연 및 합성 고무, 비닐 및 플라스틱 컴파운드, 폼 완충재, 나일론, 가죽 및 캔버스 등 다양하다. 나이키의 하청 제조업체가 신발을 생산하기 위한 기계 및 장비에 대한 막대한 투자를 대신 하고 있기 때문에 가격 경쟁력이 있다. 하청 업체들은 저임금 구조의 동남아와 남미 등에 생산 기지를 두고 있기 때문에 저 비용 생산이 가능하다.

마지막으로 혁신적인 마케팅 역량도 강점이다. 최근에는 디지털 채널을 통한 매출액의 성장이 급격하게 늘어나고 있다. 매출의 50%를 디지털 채널을 통해 창출하겠다는 목표를 갖고 있다. 나이키의 e-코머스 앱인 SNKRS의 수입은 2020년도에 10억 불을 넘어섰다. 코로나 팬데믹은 나이키의 디지털 마케팅을 가속화 시키는 계기가 되었다.

약점

Nike의 주요 약점은 다양한 제품 라인으로 인해 하나의 주요 제품에 집중하지 못한다는 것을 들 수가 있다. 물론 수입원의 다양화라는 장점은 있지만 개별 상품들이 모두 치열한 경쟁 아래에 있다는 것을 감안하면 선택과 집중 또한 필요할 것으로 보인다.

또 다른 약점은 Nike의 고가 가격 전략이다. 경쟁사에 비해 나이키의 제품은 비싼 경향이 있다. 이것은 최고의 품질로 만들어지는 그들의 제품 평판 때문일 것이다. 그러나, 경쟁사들의 품질 개선을 위한 연구 개발 능력을 감안할 때 전 제품의 고가 정책보다는 지역과 제품 군에 따라 유연한 가격 정책도 필요할 것이다.

기회

나이키는 젊은 세대 구매층에 정성을 쏟고 있다. 6천만 명 이상으로 추산되는 젊은 층들의 레저 활동을 위한 의류 및 신발 수요가 급증을 하고 있기 때문이다. 이를 위해서 컨버스 브랜드를 인수하였고 복고풍 제품, 클래식한 제품을 출시하고 있다.

또한 여성을 대상으로 마케팅도 공격적으로 벌이고 있다. Nike Goddess 스토어를 만들어서 여성들의 요가복등 건강 활동에 민감한 여성 수요를 끌어들이려고 노력을 하고 있다.

고객들은 나이키 브랜드에 높은 관심을 갖고 있다. 프리미엄 브랜드를 선호하는 고객에게 스워쉬 브랜드 로고는 구매 동기를 갖게 하기 때문이다. Nike의 swoosh 로고는 세계에서 가장 잘 알려진 브랜드이다. Nike와 Adidas는 즉시 식별 가능한 로고 덕분에 글로벌 스포츠웨어 및 운동복 산업의 발전을 주도하고 있다.

💡 위협

Footlocker는 나이키 브랜드 제품의 구매를 줄이기로 결정했다. 고가의 나이키 신발보다는 중저가 신발에 집중을 하는 전략을 택한 것이다. Footlocker가 매출의 11%를 차지하고 있고 다른 소매상들도 이런 결정을 따르게 되면 Nike에게는 큰 위협이 될 것이다.

나이키의 글로벌 하청 생산 체제가 지역 국가의 경제적, 정치적 상황 변화에 따라 위기 상황에 처할 수가 있다. Nike는 2021년에 세계적으로 약 73,000명의 직원을 고용하고 있다. 인도네시아 탕랑 산업단지 노사분규 같은 상황이 재현될 수가 있다. Nike는 1998년 하청업자의 행동강령(code of conduct)을 제정했는데 여기에서는 18세 미만의 미성년 노동자를 고용하지 않으며, 현지국이 정하는 최저임금을 준수하며, 주당 60시간이 넘지 않도록 잔업을 규제하는 것을 명문화하였다. Nike는 외부 감사 법인을 통해 하청업자들이 행동 강령을 준수하는지 감사를 하고 있다.

나이키는 강력한 브랜드 이름을 가지고 있기 때문에 법적, 사회적 논란에 휩쓸릴 가능성이 매우 높다. 90년대에 발생한 미성년 노동자 고용의 문제와 같이 이로 인해 심각한 판매 손실이 발생할 수도 있다.

리복, 아디다스 등과의 치열한 경쟁도 위협요인이다. 이들도 나이키와 같이 글로벌 경영을 하고 있고 수익성이 높고 거의 동일한 제품 라인과 목표 시장을 갖고 있다. 그럼에도 나이키가 경쟁 우위를 점하고 있는 이유는 나이키의 비용 효율적인 마케팅, 효과적인 광고 및 연구 개발 역량 때문이다. 나이키는 이러한 경쟁 우위를 지속적으로 가져가야 하는 도전이 있다.

법적 제한으로 나이키 제품의 수출 또는 제품 공급이 제한되는 지역이 있다. 정부가 정한 제한 범위 내에서만 경영활동을 해야하는 상황에서 기업 활동은 위축될 수 밖에 없다.

나이키의 핵심역량은 혁신, 연구개발, 마케팅, 그리고 효과적인 글로벌 전략을 들 수가 있다.

앞으로 나이키가 SWOT 분석에서 지적된 약점과 위협을 어떻게 극복할 수 있는 지 주목이 된다.

 **토의 과제**

1. 나이키는 핵심 역량을 어떻게 확보하고 강화하였는가?
2. 나이키의 글로벌 분업 생산 체제는 무엇이고 어떤 장단점을 갖고 있는가?
3. 나이키는 중국과 인도 시장에서 어떤 진입 전략을 채택하는 게 효과적인가?

이번 장에서는 IDEA 모델의 마지막 단계인 실행 계획(Action planning)의 구체화에 대해서 설명을 하려고 한다. 기업 조직의 경쟁력 진단을 할 때 실행력이 떨어진다는 지적을 많이 하게 된다. 앞 단계에서 도출한 경영 전략들을 효과적으로 실행에 옮기기 위하여서는 추가적으로 고려하여야 할 사항들이 있다. 이를 경영 모델을 통해 설명하고 구체적 사례를 통해 현업에 적용할 수 있도록 할 것이다.

본 장에서 소개할 경영 모델은 Value chain의 국제 분업 체계, 우선 순위 선정 매트릭스, 그리고 실행력 지표 모델이다. 순차적으로 이를 살펴보면서 전략의 실행력을 제고할 수 있는 통찰력을 얻기를 바란다.

가치 사슬(Value Chain)의 국제 분업 체계

기업은 제품 또는 서비스라는 가치를 창출해서 고객에게 제공을 한다. 가치 창출에 관여하는 일련의 과정들을 세분화한 후 진행 과정에 따라 사슬처럼 엮어 놓은 것을 가치 사슬이라고 부른다. 가치 사슬은 사업의 성격에 따라 다양하게 구성이 된다. 전통적인 사업 모델은 원자재에서 생산 마케팅 고객 서비스 등으로 이어질 것이다. 또 원유, 가스 등 에너지 사업은 업 스트림, 미드 스트림, 다운 스트림으로 구분되기도 한다.

가치사슬 개념은 1985년 하버드 경영대학원 교수인 마이클 포터(Michael Porter)가 그의 저서 Competitive Advantage: Creation and Sustaining Superior Performance에서 처음 설명을 하였다. 가치 사슬은 제품이나 서비스를 만드는 비즈니스 활동의 전체 사슬을 설명하는 개념이다.

포터 교수가 설명한 가치 사슬 프레임워크는 5가지 본원적 활동으로 내부 물류, 생산, 외부 물류, 마케팅, 서비스가 있다. 그리고 4가지 지원 활동으로 구매, 인사, 기술 개발 및 경영 관리가 있다.

마이클 포터의 가치사슬(Value Chain)

가치 사슬의 프레임워크를 간단히 살펴본다면 먼저 주요 5가지 활동은 다음과 같다.

- 내부 물류: 외부에서 조달한 원자재와 같은 기본 자재를 유입하는 프로세스를 의미한다.
- 생산: 원자재를 제품과 서비스로 변환하는 활동 및 프로세스를 의미한다.
- 외부 물류: 고객에게 제품을 전달하는 회사 내부 및 외부 시스템과 프로세스를 의미한다.
- 마케팅: 광고 및 브랜드 홍보를 통해서 소비자가 제품을 구매하도록 하는 활동이다.
- 서비스: 고객과의 장기적인 관계를 강화하는 고객 서비스 및 제품 지원과 같은 활동을 말한다.

보조적인 5가지 지원 활동을 간단히 기술한다면 다음과 같다.

- 조달: 외부 공급업체 찾기, 공급업체 관계 유지, 가격 협상 및 제품 또는 서비스 구축에 사용되는 필수 자재 및 자원 도입과 관련된 기타 활동이다.
- 인사 (HR): 인적 자본의 관리는 채용, 교육, 조직 문화 구축 및 유지와 같은 기능이 포함된다.
- 기술 개발: 연구 개발, IT 관리 및 사이버 보안과 같은 활동을 포함한다.
- 경영관리: 법률, 일반 관리, 행정, 회계, 재무, 홍보 및 품질 보증과 같은 일련의 회사 활동을 의미한다.

가치 사슬 모델의 적용

가치 사슬 모델은 경영 전반에 걸쳐 매우 유용하게 활용이 될 수가 있다.

- 기업이 창출하는 부가 가치가 어느 활동에서 얼만큼 창출되는 지를 파악할 수가 있기 때문에 차별적 경쟁 전략을 수립하는 데 적용할 수 있다.
- 기업의 핵심 활동이 무엇인지 파악할 수 있기 때문에 핵심 역량을 구체화하고 경쟁 우위 및 원가 우위를 확보하는 데 적용할 수 있다.
- 가치 사슬 모델은 제품이 속한 산업의 전 후방 구조가 어떻게 연관 되어 있는 지를 파악할 수가 있어서 산업 전체적 관점에서 사업의 안정성과 매력도를 파악할 수 있다.
- 경쟁사들의 가치 사슬을 분석함으로써 주요 경쟁사와의 경쟁 요소를 파악하고 이를 강화하는 전략을 수립할 수 있다.

가치 사슬 모델은 또한 글로벌 경쟁 전략을 실행하는 데에도 유용하게 적용할 수가 있다.

전략의 실행력을 높이기 위해서는 기업 조직이 하나의 목적을 향해 유기적으로 협력을 하고 이를 총괄적으로 관리를 할 수 있어야 한다. 가치 사슬(Value chain)의 국제 분업 체계 모델은 이를 위해 매우 유용한 경영 모델이라고 할 수 있다.

지금까지 글로벌 경쟁 전략 모델 IDEA를 통해서 도출한 사업 전략들은 결론적으로 사업의 가치 사슬 Value Chain을 경쟁력 있는 구조로 만들기 위한 방안이었다. 기업의 모든 구성원들은 가치 사슬 시스템의 한 부분을 담당하고 있다. 글로벌 전략이 성공적으로 완성되기 위하여서는 각 기능의 담당자들이 자기가 담당한 가치 사슬에서 글로벌 전략을 구체적이고 효과적인 방법으로 수행해 주어야만 한다. 요약하여 말한다면 회사의 전략이 사업부문의 전략으로 이어지고 이를 다시 기능적(functional) 조직의 과제로 이어지게 되는 것이다.

그래서, 가치 사슬 글로벌 분업 체계를 구체화는 과정을 통하여 각 기능 담당 조직에 글로벌 경쟁 전략들의 실행 책임을 부여하고 기업의 전 조직이 사업 전략의 성공을 위해 집중하고 총체적인 노력을 할 수 있도록 하는 것이다.

SK E&S의 가치 사슬 구축 전략

그러면 이번에는 SK E&S의 Action Planning 사례를 통해서 밸류체인상에 글로벌 경쟁 전략이 어떻게 실행되었는지를 살펴보겠다.

SK E&S는 지속 가능한 성장을 이루기 위한 미래 전략 사업으로 LNG 사업을 선정하였다. 그러나 LNG 사업에 진입하기 위하여서는 LNG의 가치 사슬 전 영역에서 사업 입지를 확보해야만 하는 어려움을 극복해야만 하는 도전이었다. 그래서 SK E&S는 업 스트림, 미드 스트림, 다운 스트림에 걸쳐 다양한 경쟁 전략과 이에 적합한 시장 진입 모델을 추진하였다.

업 스트림에서는 가스의 생산, 액화 과정들을 주관할 수 있도록 미국 사업 법인을 설립하였다. 또한 본사의 LNG 사업 본부가 주관하여 인도네시아의 가스전 투자를 하였다.

미드 스트림에서는 LNG 터미널 확보와 로지스틱스를 구축하기 위한 엔지니어링 조직과 사업 관리 조직을 강화하였다.

다운 스트림에서는 LNG 트레이딩을 성장시키기 위하여 싱가폴 법인을 설립하고, Global LNG 수요 확보, 국내 LNG 발전소 건설 등을 담당하는 별도 조직을 운영하였다.

SK E&S는 이와 같이 글로벌 경쟁 전략의 과제와 담당 조직을 Value Chain상에 연계(Align)시켰다. 이렇게 함으로써 전체 조직이 하나의 목표를 실현하기 위하여 총체적인 노력을 경주할 수 있었던 것이다.

SK E&S는 이러한 노력으로 호주, 인도네시아, 중국, 미주 지역에서 사업 입지를 확보하였으며, 내수 시장에서는 민간 LNG 수입량의 34%를 점유하는 성과를 이루었다.

SK E&S Global Value Chain 구축

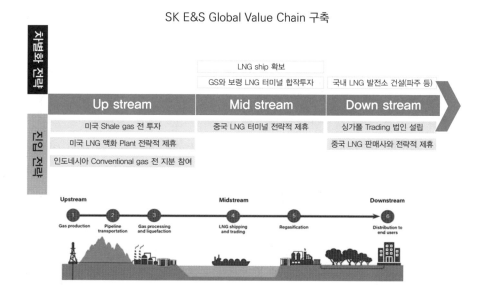

나이키의 국제 분업 생산 체계

본 장의 서두에 있는 나이키 사례를 2~4장에서 소개한 경영 분석 모델을 적용하여 SWOT 전략 매트릭스를 작성해 보자. 그러면, 나이키가 글로벌 전략의 실행을 위해 가치 사슬을 어떻게 구축해야 하는 지에 대한 통찰력을 얻을 수 있을 것이다.

SWOT 전략 Matrix	강점 Strength	약점 Weakness
기회 Opportunity	**SO 전략** • 스타 마케팅으로 제품 호감도 제고 • Slogan 마케팅으로 브랜드 이미지 제고 • Sports Goods 제품 라인 강화	**WO 전략** • Value Chain Global 분업으로 원가 경쟁력 확보하고 환율 리스크 회피
위협 Threat	**ST 전략** • Air Sole 등 핵심 부품 본사 생산 • 인체공학, 산업 디자인 전문가 그룹을 보유한 본사 디자인 센터 운영	**WT 전략** • 생산 기지 다변화로 임금 상승, 지역 규제 정책 리스크 대응 • ESG 등 사회적 요구에 부응하는 code of conduct 를 전략적 제휴 업체에도 적용

나이키는 1964년 설립되었을 때 고품질 고가 시장을 주도하는 Adidas, Puma에 대응하기 위하여 고품질 저가 전략을 채택하였다. 그러나 미국에서 생산을 해서는 원가 경쟁력 없었기 때문에 노동집약적인 생산은 하청 업자에 일임하고 가치 사슬의 가장 부가가치 높은 디자인과 품질관리 마케팅 핵심부품의 생산은 직접 수행하는 국제 분업 전략을 구사하게 된다. 나이키의 하청 계약 방식은 하청 업자가 자본을 투자하고 나이키는 생산량 전량을 구매하여 주는 조건으로 초기에는 품질 관리를 직접 수행한다. 1980년대 초기에는 하청 생산이 주로 한국과 대만에서 이루어졌고 순차적으로 미국 생산 공장은 문을 닫았다. 그러나 1980년대 들어 대만과 한국의 임금상승은 원가 압박으로 작용해서 하청업체들이 인도네시아, 베트남, 중국 등으로 생산 시설을 이전하게 되었다.

나이키는 생산은 하청에 맡기되 핵심 기술은 철저히 자신이 보유한다는 원칙을 고수하고 있다. 예를 들면 고급 운동화의 핵심부품인 air sole은 미국 내의 자사공장에서 생산하고 있다. 또한 오레곤 주에 위치한 디자인 센터에서는 인체 공학, 산업 디자인 전문가들이 신제품을 개발하고 있다.

나이키는 마케팅과 광고 활동은 모두 자체적으로 수행하고, 스타 마케팅, 전 세계 유통망 관리를 통해 브랜드 이미지 높이고 새로운 경쟁자의 진입을 방지하였다.

나이키의 국제 분업 체계 구축 전략과 실행 과정은 가치 사슬 분석을 통해서 명확하게 파악할 수가 있다. 가치 사슬 모델을 활용하면 기업의 본원적 활동과 지원 조직들이 하나의 목적을 향해 유기적으로 협력을 하고 이를 총괄적으로 관리를 할 수 있게 된다. 나이키가 경쟁이 치열한 신발 업계에서 가장 높은 시장 점유율과 수익성이 높은 이유는 바로 기업의 총체적 노력을 집중할 수 있게 한 국제 분업 체계의 구축 때문이라고 할 수 있겠다.

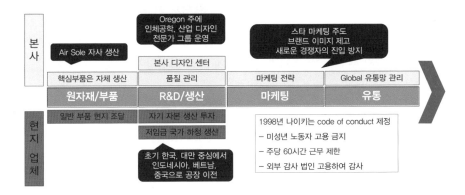

우선 순위 선정 매트릭스

SWOT 전략 매트릭스를 활용하여 글로벌 경쟁 전략을 수립하였고, Value Chain 모델을 통해 구체적 전략 과제를 도출하였다면, 이제 전략을 실행에 옮기기 위해서 가장 큰 도전은 기업의 한정된 자원을 전략 과제들에 어떻게 배분을 할 것인가 이다. 그래서 전략 과제의 우선순위를 정할 필요가 있다. 우선 순위를 정할 때 중요하게 고려해야 하는 것은 3가지 변수를 소개하고 이를 가지고 우선 순위를 판단하는 모델을 소개하겠다.

우선 전략 관련성과 시급성을 기준으로 과제들을 Mapping 해보는 것이다. 아주 간단한 모델이지만 직관적이면서 매우 효과적인 모델이다. 이 모델에서 당연히 1번에 집중을 해야 하고, 4번의 일은 후 순위가 되겠다.

전략 관련성 vs 시급성

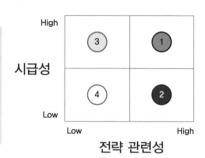

- 전략 관련성/시급성 그리드는 추진해야 하는 행동 결정의 우선순위를 선택할 수 있다.
- 가장 우선적으로 처리되어야 하는 행동은 어느 매트릭스의 상황인가?

그런데, 이 모델에 한 가지 변수를 추가해 보겠다. 투입해야 하는 에너지의 수준을 원의 크기로 표현하는 것이다. 이 모델을 통해서 두 가지 질문을 하게 된다.

질문1. 삼각지역에 초점을 두고 과제가 전략을 중심으로 어떻게 분포 되었는가?

질문2. 에너지 투입 원의 크기가 중요도에 따라 적정한가?

우선 순위 선정 매트릭스는 이런 질문을 통해 전략 과제의 우선 순위와 자원의 투자 수준을 정할 수 있겠다.

전략 관련성 vs시급성 & 에너지

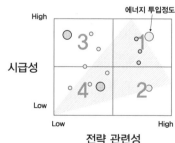

- 우선순위가 낮은 업무에 에너지를 많이 투입하고 있지는 않는가?

우선 순위 선정 매트릭스는 과제의 전략 관련성, 시급성 그리고 에너지 투입 수준이라는 3가지 변수를 활용하여 전략과제들의 우선 순위를 선정하는 모델이다. 순차적으로 다음과 같은 3가지 질문을 하면서 검토를 하면 올바른 결정을 할 수 있게 될 것이다.

- 현재 진행 중이거나 검토 중인 과제들은 전략과 얼마나 관련이 있는가?
- 전략적 우선 순위가 낮은 과제들에 대해서 적절한 위임을 하고 있는가?
- 최우선 순위 과제(1분면)에 대해서 적절한 에너지 투입을 하고 있는가?

과제 우선 순위 선정 모델

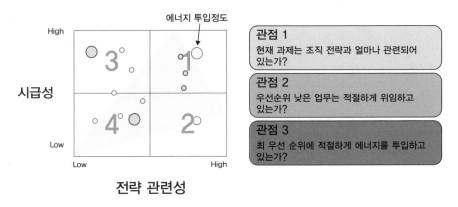

이러한 과정을 거쳐서 전략 과제의 우선 순위를 정하게 되면 집중해야 할 과제가 명확하게 되고 이에 따라 투입 자원의 배분도 올바르게 될 것이다.

실행 지표 관리

"무엇이고 측정하게 되면 그것은 향상된다. 측정하지 않으면 가치가 창출되지 않는다" - 캐플란 -
"평가 되는 것만이 관리 된다." - 톰 피터스 -

많은 기업들이 전략을 제대로 실행에 옮기지 못하고 있다는 것이 기업 실증 조사의 결과이다. 포춘지 분석에 따르면, 효과적으로 수립된 전략 중에서 성공적으로 실행된 것은 겨우 10%도 안 되며, 그 실패 원인은 잘못된 전략 그 자체보다는 대부분 잘못된 실행에 있는 것으로 나타났다.

이러한 인식하에 최근 기업 분석가 및 투자가들은 기업의 전략 실행력을 기업과 경영자 평가의 최우선 요소로 꼽고 있다. 기업의 전략 실행력을 제고할 수 있는 방안으로 많은 전문가들은 전략 실행 지표를 도입할 것을 제안하고 있다.

전통적 성과관리 시스템은 재무적 지표 한정, 단기성과 초점, 전략과의 단절, 무형적 성과측정 소홀이라는 문제점 등을 갖고 있다. 그래서 성과 관리 시스템이 전략 실행 지원의 책임을 다할 수 있도록 전략 실행 지표를 구체화·명확화하고 이를 전 조직이 수행할 수 있도록 해야 한다.

본 장에서는 실행 지표 관리를 위해 활용될 수 있는 3가지 지표 관리 모델을 소개하려고 한다.

KPI (Key Performance Index)

핵심 성과 지표인 KPI는 기업에서 제품 또는 서비스의 목표 달성 수준을 나타내는 정략적 지표이다. KPI를 설정하는 이유를 살펴보면, 다음과 같다.

- 과제가 회사의 목표와 어떻게 연계되어 있는 지를 명확하게 한다.
- KPI실행 계획에 달라 회사의 자원을 효과적으로 배분할 수가 있다.
- 측정 가능하고 관리할 수가 있어 결과를 예측하는 데 도움이 된다.

KPI를 설정할 때는 다음과 같은 원칙을 가지고 만들어야 한다.

- 구체적이다(specific).
- 측량 가능하다(measurable).
- 달성 가능하다(achievable).
- 현실적이다(realistic).
- 기한이 정해진다(time-bound).

KPI는 SK와 같은 많은 대기업들이 실제로 채용하여 평가와 보상을 하는 데 활용을 하고 있다.

그러나, KPI가 단기적인 목표를 달성하는 데 효과적으로 활용할 수 있다는 장점이 있지만, 장기적이고 전략적인 목표, 그리고 조직의 효율성 등 보다 본질적인 것의 수준을 측정하고 달성하는 데에는 한계가 있다. 또한 개별 project의 진행 수준을 파악하거나 개별 과제를 관리하는 지표로서 한계가 있다.

전략 지표로서의 한계를 보완하기 위해 다음에 소개할 BSC(balanced Score Card)를 KPI 달성과 연계함으로써 회사의 전략과 연계된 BSC 지표와 조직 및 개인별 KPI의 균형을 통해 조직의 전략실행력을 극대화 하는 방법을 도입할 수가 있다.

BSC(Balanced Score Card) 모델

하버드 대학 캐플란, 노튼 교수는 성과 관리 시스템의 새로운 대안으로 BSC모델을 제시하였다. 포춘 1000대 기업 가운데 45%가 채택한 BSC 모델은 경영진이 전사 전략을 전 조직에 커뮤니케이션하고, 그에 따른 변화를 효과적으로 유도하기 위한 경영 관리 도구이다.

기존의 경쟁 전략 및 사업 성과를 평가하는 방법은 일반적으로 재무 성과 및 사용자 만족도를 측정하는 KPI(Key performance index)로 평가한다. 이러한 KPI는 제품의 성능을 측정하는 데 중요하지만 경쟁력 측면에서 전체적 상황을 보여주기 어렵다. 이런 단점을 보완하기 위하여 고안된 것이 균형된 제품 평가표이다.

BSC 모델은 제품 관리자가 일반적인 재무 및 사용자 만족도를 측정하는 것을 넘어서 추가적인 평가 요소를 도입하였다. 균형된 제품 평가표 BSC는 재무, 고객, 제품과 프로세스 및 조직 경쟁력을 추가로 고려한다. 이 항목들은 제품의 차별화 전략이 기대한 만큼 성과를 나타내는지 탐색할 수 있는 요소들이다. BSC 모델은 제품 전략을 개발하기 전에 진단 도구 역할을 할 수도 있다. 프로세스, 사람 및 제품 KPI 등 각 요소를 정의하고 1~2분기 동안 측정한 다음 결과를 분석함으로써 제품 관리자는 제품의 어떤 영역에서 개선의 여지가 있는지 확인할 수 있다. 그런 다음 이러한 영역은 제품 차별화 전략 또는 혁신 계획의 초점이 될 수 있다.

BSC모델은 비즈니스 목표를 "제품이 고객에게 제공해야 하는 이점"으로 정의한다. 이러한 정의는 Kaplan과 Norton이 말했듯이 주주와 고객을 만족시키기 위해 어떤 비즈니스 프로세스에서 뛰어나야 하는가라는 질문에 답하게 한다. 다음은 해당 비즈니스 목표를 달성하기 위해 제품이 수행하는 작업을 분석할 수 있는 질문들이다.

- 특정 사용자 요구 사항을 충족하는가?
- 우리는 그것을 어떻게 측정하고 있는가?
- 이를 더 잘 측정하기 위해 프로세스를 최적화할 수 있나?

재무 건전성에 영향을 미치는 제품의 모든 측면을 평가하기 위하여 다음과 같이 질문해야 한다.

- 가격 전략은 무엇인가?
- 현재 가격 책정 전략은 현재 및 잠재 고객에게 어떤 영향을 미치는가?
- 성능/기술적 목표를 확장하기 위한 예산이 있는가?
- 이해 관계자와 사용자가 제품이 만족하기를 바라는 목표를 달성하고 있는가?

제품 및 프로세스 측면의 경쟁력을 점검하기 위하여서는 제품이 어떻게 사용되고 개발되고 있는지 알려주는 KPI를 만들고 다음과 같은 질문을 해야 한다.

- 고객 전환율 목표는 무엇인가?
- 고객 피드백을 통한 개선 프로세스는 잘 작동되고 있는가?
- 시장 점유율의 변동은?

BSC 모델은 조직의 경쟁력을 점검하기 위하여 내부적으로 제품팀을 향해서 다음과 같은 질문을 포함한다.

- 그들은 얼마나 참여하고 동기를 부여하는가?
- 그들의 노력이 비전, 전략 및 비즈니스 목표에 기여하는가?

이러한 모든 질문에 대한 답변과 그에 따른 KPI에 따라 제품 리더는 제품의 각 영역에 대한 차별화 전략의 유효성을 점검할 수 있고 또한 잠재적인 차별화 전략을 구상할 수 있다.

이렇게 균형된 제품 평가표는 제품을 새로운 차별화/혁신 수준으로 끌어올리기 위해 제품을 처음부터 끝까지 분석함으로써 현재 전략의 약점을 밝혀내고 잠재적인 아이디어를 찾아낼 수가 있다.

결과(Outcome) 지표와 경과(Progress) 지표

단위 프로젝트를 효과적으로 관리하기 위해서는 프로젝트의 진해 경과를 추적하고 결과를 평가하기 위한 정확한 측정 지표가 필요하다. 측정 지표로는 결과 지표(outcome measure)와 경과 지표(progress measure) 두 가지를 다루어야 한다.

결과 지표는 프로젝트의 수행 결과를 정량적 지표로 정한 것이다. 이것은 프로젝트의 목표라고 할 수 있는데 단순히 매출액, 영업이익 등의 수익적 측면뿐 아니라, 프로젝트의 전략적 목표, 타 사업과의 시너지, 리스크의 수준 등 프로젝트로 인해서 발생할 수 있는 모든 중요한 결과를 지표화 하는 것이다.

경과 지표는 프로젝트의 진행 과정을 측정하고 관리하기 위한 지표로 결과와 직접 연계되어 있어야 한다. 평가를 위해서 결과 지표를 중요시하는 경향이 있지만, 실제로 프로젝트를 원래의 계획대로 진행되도록 그 속도와 질을 관리하기 위하여서는 경과 지표가 반드시 필요하다.

결과 및 경과 지표를 활용한 프로젝트 관리의 베스트 일 처리 방법을 소개하면 다음과 같다.

- 경과 측정 지표 마다 한 사람씩 담당자를 둔다. 공동 책임 부여는 지양한다. 책임자가 둘 이상이면 일을 서로 미루거나 혼란이 초래된다.
- 경과 측정 지표와 책임자를 중심으로 진행상 이상 상황 발생 시 이에 대한 조치 계획을 세운다.
- 모니터링/ 팔로우업 방법을 정한다. 직원 각자와 리스크 모니터링 방법에 대해 얘기를 나눈다. 리더가 정기적으로 팔로우업 할 기대 사항을 명확하게 밝히고, 장애물이 생기면 도움을 요청하도록 독려한다.
- 달성/미 달성 시의 결과를 포함하여, 책임에 대해 소통한다. 리더의 기대 사항을 직

원 각자와 얘기한다. 이때, 경과 지표를 달성하거나 그에 미치지 못하면 각각 어떤 결과가 따라오는지도 함께 알려준다.

경과 측정 지표에 대해 공동의 책임자를 두게 되면 아래와 같은 문제가 예상될 수 있다.

- 최종 결과에 대한 책임을 아무도 지려 하지 않을 것이다.
- 다른 사람들이 리스크를 알아서 관리할 것으로 여기고 모두 집중하지 않을 수 있다.
- 각자 맡은 부분에 대하여 오해나 소통 오류가 생길 수 있다.

반면에 경과 측정 지표마다 한 사람씩 담당자를 두는 것은 다음과 장점이 있다.

- "OOO이 그 일을 하고 있는 줄 알았습니다."와 같은 변명을 할 여지가 없어진다.
- 자신이 책임을 맡은 측정 지표에 대한 주인의식이 생긴다.
- 위험을 처음부터 관찰한 책임자가 보다 정확하게 대응하거나 소통할 수 있다.

그러면, 책임자를 세울 때 그 사람이 적임자인지 어떻게 판단할 수 있을까?

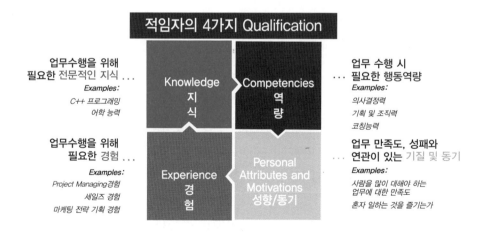

적임자를 선정할 때 고려해야 할 판단 기준을 네 가지가 있다. 첫째는 전문적인 지식, 둘째는 과제 수행을 위해 필요한 유사 경험, 셋째는 업무 수행 시 필요한 행

동 역량, 네 번째는 개인의 기질과 동기라고 할 수 있다. 일반적으로 지식과 경험 부분은 고려를 많이 하지만 개인의 특성을 보여주는 행동 역량과 기질 및 동기는 무시하는 경향이 있다. 그러나, MZ 세대의 특징이라 얘기하였던 것들이 이제 모든 회사원 들에게도 일반화 되었다고 생각이 된다. 그러므로, 적임자 후보자를 검토하는 단계에서는 지식 경험 못지 않게 개인적으로 이 과제를 어떻게 받아들일지와 어떤 태도와 방식으로 일을 수행할지에 대한 고려가 있어야 할 것이다.

이러한 과정을 통해서 책임을 맡을 적임자를 선정하였다고 하면, 다음과 같은 질문을 통해서 리더와 책임자가 과제에 대한 공감대를 형성할 수 있을 것이다.

- 이 프로젝트가 중요한 이유는 무엇인가?
- 이 프로젝트를 성공적으로 해결하면 개인과 조직에 어떤 결과가 따라오는가?
- 이 프로젝트를 성공하지 못하면 개인과 조직에 어떤 결과가 따라오는가?
- 이 측정 지표에 대한 책임자로서 어떤 점이 우려되는가?

Chapter 06

IDEA 모델 종합

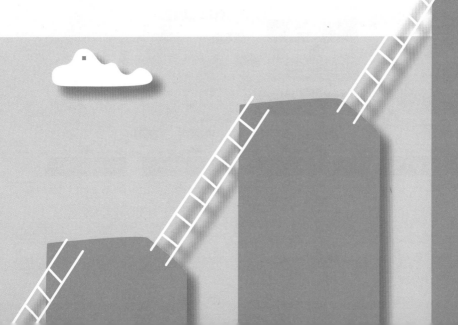

지금까지 글로벌 경쟁 전략 모델인 IDEA를 통해서 글로벌 전략을 수립하는 전체 과정을 살펴보았다.

- 경쟁적 포지션 정의 Identify competitive Position 단계에서는 5가지 분석 Framework을 통해 SWOT을 도출하였다.
- 차별적 경쟁 전략 수립 Differentiation Strategy 단계에서는 SWOT 전략 매트릭스를 활용하여서 SO, ST, WO, WT 측면에 차별적 경쟁 전략을 도출하였다.
- 글로벌 진입 전략 수립 Entry Strategy 단계에서는 글로벌 시장 진입 모델로서 자산화, 비자산화 방법 그리고 전략적 제휴 방식에 대해 장단점과 유의할 점들을 설명하였다.
- 실행 계획 수립 Action Planning 단계에서는 가치 사슬 Value Chain을 활용하여 글로벌 경쟁 전략의 성공을 위해 조직의 총체적인 노력을 이끌어 내는 방법에 대해 학습하였다.

본 저서에서 설명한 경영 분석 모델들을 기억하기 쉽게 프레젠테이션 양식으로 아래와 같이 정리를 하였다.

모든 글로벌 사업 담당자들과 글로벌 리더들이 글로벌 경쟁 전략 모델인 IDEA를 꼭 기억하고 현업에 활용하기를 당부드린다.

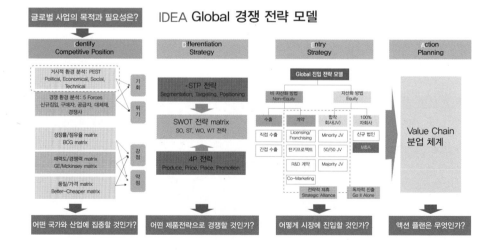

PEST Model

정치적 요인 Political Factors	경제적 요인 Economic Factors
고용 법률 규제 환경 정부 정책 지적 재산권 보호 정치적 안정 관세, 과세, 무역 제한	신용 접근성 사업 투자 수준 생활비, 인플레이션 경제 성장 또는 쇠퇴 환율 및 이자율 인건비 및 인력 기술 수준 시장 상황, 소비 습관 세금수준
사회적 요인 Sociocultural Factors	기술적 요인 Technological Factors
업무에 대한 태도(생산성) 소비자트렌드/취향/패션 다양성, 포용성 및 평등 부와 교육의 분포 고용 패턴 및 고용시장 동향 세대 간 태도 변화 인구(인구 통계), 인구 증가율 노조	인공지능(AI), 자동화 및 로봇 공학 사이버 보안 및 데이터 보호 파괴적인 기술 원격 작업 연구 및 개발 소셜 네트워킹, 기술 허브

5 Forces Model

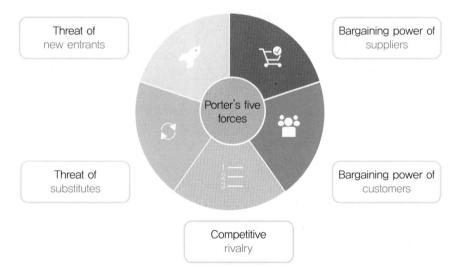

BCG Matrix

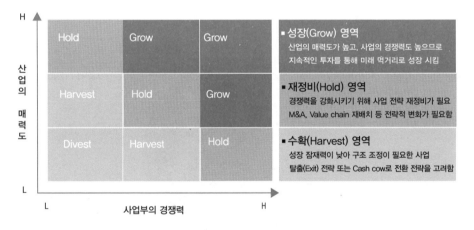

상대적 시장 점유율

	High	Low
시장 성장율 **High**	STAR ★	Question Mark ?
시장 성장율 **Low**	COW	DOG

- **Cash Cow: 저성장, 고 점유율의 사업부.**
  성장 잠재력이 낮기 때문에 성장을 위한 투자보다는 수익을 최대한 높여 현금을 확보하는 전략이 효과적
- **Star: 고성장, 고 점유율의 사업부.**
  미래 먹거리로서 잠재력이 높아 과감한 투자 전략이 효과적
- **Question mark: 높은 성장 시장에서 낮은 점유율에 속한 사업부.**
  스타 가능성은 높지만 아직 경쟁력이 갖춰 있지 않아 경쟁력을 확보 가능성 타진 필요
- **Dog: 낮은 점유율, 낮은 성장의 사업부**
  구조 조정을 통해 청산, 매각 등의 탈출 전략을 고려하거나 혁신적 변화를 통한 사업 재 포지셔닝을 해야 함

GE Mckinsey Matrix

산업의 매력도 (H ↑ L)

Hold	Grow	Grow
Harvest	Hold	Grow
Divest	Harvest	Hold

사업부의 경쟁력 (L → H)

- **성장(Grow) 영역**
  산업의 매력도가 높고, 사업의 경쟁력도 높으므로 지속적인 투자를 통해 미래 먹거리로 성장 시킴
- **재정비(Hold) 영역**
  경쟁력을 강화시키기 위해 사업 전략 재정비가 필요 M&A, Value chain 재배치 등 전략적 변화가 필요함
- **수확(Harvest) 영역**
  성장 잠재력이 낮아 구조 조정이 필요한 사업 탈출(Exit) 전략 또는 Cash cow로 전환 전략을 고려함

품질-가격 Matrix

품질 경쟁 변수 (Better)	더 높음	시장 선도 전략	품질 선도 전략	챔피언 전략
	같음	가격경쟁력 확보	평균화 전략	가격 선도 전략
	더 낮음	EXIT or R&D	품질 경쟁력 확보	싸구려 전략
		더 비쌈	같음	더 쌈

가격 경쟁 변수(Cheaper)

- **품질-가격 매트릭스는**
  품질과 가격의 상대적 수준을 상중하로 나누어 9개의 셀로 분류
- **9개의 셀은**
  제품의 경쟁적 위치를 알려주는 동시에, 제품이 어떤 사업 전략하에 있는 지 보여줌

SWOT 핵심 질문

- 우리 제품의 고유한 Value Proposal? - 어떤 문제를 경쟁업체가 하지 않는 방식으로 해결하는가? - 제품의 강점을 유지하는 내부 및 외부 리소스는 무엇인가? - 사용자가 생각하는 강점은 무엇인가?	- 우리 제품은 어떤 영역에서 개선이 필요한가? - 경쟁자가 우리보다 잘하고 있는 것은 무엇인가? - 현금 흐름 등 재무 상태는 건전한가? - 사용자로부터 가장 많이 듣는 불만은?

- 우리의 약점 중 기회로 바뀔 수 있는가?
- 경쟁사의 약점을 기회로 바꿀 수 있는가?
- 잠재적인 성장 기회로 삼을 수 있는 고객의 요구는 무엇인가?
- 외부 환경 중에서 사업의 기회가 될 수 있는 것은 무엇인가?
	- 경쟁사는 위협에 어떻게 더 잘 갖추고 있는가?
	  (자금, 회사 규모 등)
	- 예측하고 대비할 수 있는 시장/산업의 잠재적 위협
	  요인은 무엇인가?
	- 위기 관리 계획을 갖고 있는가?

차별화 전략의 수립 프로세스

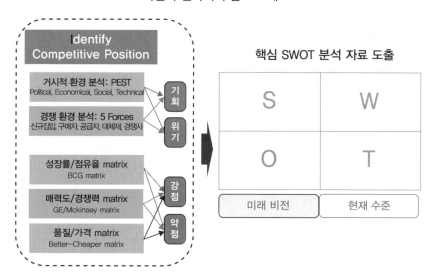

핵심 SWOT 분석 자료 도출

SWOT 전략 Matrix

	강점 Strength	약점 Weakness
기회 Opportunity	**SO 전략** 기회를 활용하기 위해 강점을 사용하는 전략	**WO 전략** 약점을 보완하여 기회를 포착하는 전략
위협 Threat	**ST 전략** 위협을 회피, 최소화하기 위해 강점을 활용하는 전략	**WT 전략** 위협을 회피하고 약점을 최소화하는 전략

SWOT 전략 Matrix

	강점 Strength	약점 Weakness
기회 Opportunity	**SO 전략** 기회를 활용하기 위해 강점을 사용하는 전략	**WO 전략** 약점을 보완하여 기회를 포착하는 전략
위협 Threat	**ST 전략** 위협을 회피, 최소화하기 위해 강점을 활용하는 전략	**WT 전략** 위협을 회피하고 약점을 최소화하는 전략

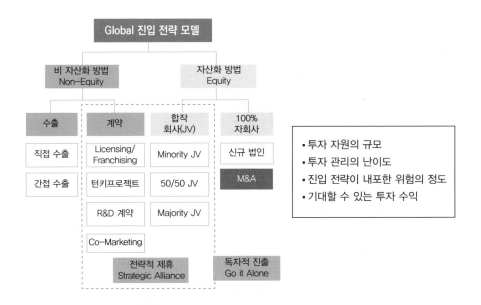

(출처: Pan, Y. and Tse, D.K. (2000) The Hierarchical Model of Market Entry Modes. Journal of International Business Studies)

첨부 1. 실습 사례 예시

1. 삼성전자 Global 사업 분석 Frame의 적용

미래 비전과 현실의 GAP

S	W
• Speedy한 실행력과 혁신적 digital 기술을 활용한 제품 개발 능력 • Cash cow 제품을 통한 투자 역량	• 환율 변동에 따른 경쟁력 취약 • 품질 평준화, 시장 성숙에 따른 차별적 경쟁력 저하 • 반도체 의존도 높아 시황에 따라 실적 좌우됨
O	T
• 혁신적 기술이 빠른 속도로 개발 되어 신규 성장 시장 기회 있음 (홈 네트워크, 사물 인터넷, 클라우드 서비스, 모바일 결재 플랫폼, AI플랫폼, 커넥티드카 전장 기술, 보안 전송기술, 자율주행)	• 중국 업체들의 경쟁 진입 • 저가 고품질 IT 제품의 출시 • 미 중 갈등으로 인한 반도체 생산 및 판매 기반 위협 • 우크라이나 전쟁으로 인한 세계 경제 침체

미래 비전	Gap	현재 상황
품질, 가격 경쟁력을 갖춘 Global Major 기업		• Global 시장 경쟁격화 • 시장 점유율 및 수익 감소

Global 경쟁 전략: SWOT 전략 matrix

	강점 Strength	약점 Weakness
기회 **Opportunity**	**SO 전략** • Speedy한 실행력 • 기존 사업의 재무적 성과를 기반으로 한 대규모 투자 역량 • 혁신적 Digital 기술을 활용한 미래 성장 사업 발굴 - 인공지능, 5G, 바이오 사업 등	**WO 전략** • M&A로 소프트웨어 사업 경쟁력 확보 홈 네트워크, 사물 인터넷, 클라우드 서비스, 모바일 결재 플랫폼, AI플랫폼, 커넥티드카 전장 기술, 보안 전송기술, 자율주행 • 글로벌 경영 시스템 정착 - 획일적, 관리적 문화에서 창의적이고 혁신적 문화로 변화

	ST 전략	WT 전략
위협 Threat	• 가격 경쟁 강점을 살리기 위한 현지 부품 조달 파트너십 구축 • 종합 반도체 기업(IDM)으로 혁신적 변환 - 시스템반도체, IP, Fabless, 파운드리 • 생산 거점 다변화로 중국 의존도 낮춤	• 환율변동에 취약한 약점을 극복하기 위한 대규모 Global 생산 거점 확보(직접 투자 및 M&A) • 현지 업체와의 전략적 제휴 (생산 및 R&D 합작투자, OEM, 라이선스)

삼성전자 Global 경쟁 전략: Better-cheaper matrix

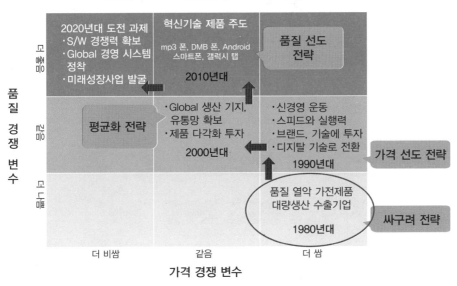

삼성전자 Global 경쟁 전략: Better-cheaper matrix

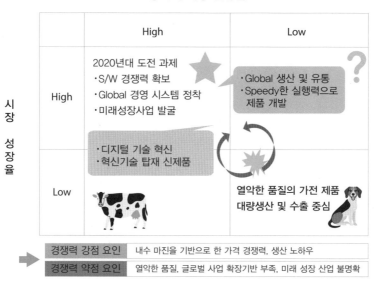

상대적 시장 점유율

		High	Low
시장 성장율	**High**	2020년대 도전 과제 ·S/W 경쟁력 확보 ·Global 경영 시스템 정착 ·미래성장사업 발굴 ·디지털 기술 혁신 ·혁신기술 탑재 신제품	·Global 생산 및 유통 ·Speedy한 실행력으로 제품 개발
	Low		열악한 품질의 가전 제품 대량생산 및 수출 중심

경쟁력 강점 요인	내수 마진을 기반으로 한 가격 경쟁력, 생산 노하우
경쟁력 약점 요인	열악한 품질, 글로벌 사업 확장기반 부족, 미래 성장 산업 불명확

삼성전자의 Global 경쟁 전략

- 환율변동에 취약한 약점을 극복하기 위한 적극적인 글로벌 생산 전략
- 가격 경쟁 강점을 살리기 위한 현지 부품 조달 전략
- Digital 기술의 혁신을 적용한 신제품 개발
- Speedy한 실행력을 통한 신속한 신제품 개발
- 종합 반도체 기업(IDM)으로 혁신적 변환

삼성전자 경쟁 전략 실행 사례

- 현지 부품 조달 파트너십 및 대규모 생산 거점 확보(직접 투자 및 M&A)
- 현지 업체와의 전략적 제휴(생산 및 R&D 합작투자, OEM, 라이선스)
- 삼성전자는 30여 개 회사를 M&A함. 제일 큰 규모는 1016년 Harman을 8조 원에 인수하며 connected car solution 사업을 강화함
- M&A는 미국을 포함 9개 국가에서 이루어졌고, 인터넷 소프트웨어와 서비스 분야가 47% 비중 차지

Global 진입 전략 모델

- 비 자산화 방법 Non-Equity
  - 수출 ✓
    - 직접 수출
    - 간접 수출
  - 계약 ✓
    - Licensing/Franchising
    - 부품조달
    - R&D
    - Co-Marketing
- 자산화 방법 Equity
  - 합작 회사(JV) ✓
    - Minority JV
    - 50/50 JV
    - Majority JV
  - 100% 자회사 ✓
    - 신규 법인
    - M&A

전략적 제휴 Strategic Alliance

독자적 진출 Go it Alone

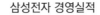

삼성전자 경영실적

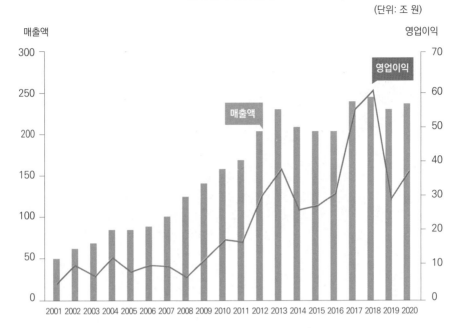

(단위: 조 원)

- 삼성전자는 적극적인 Global 전략을 통해 2010년 초까지 비약적 성장을 달성
- 2010년대 들어 스마트폰 사업의 성숙화와 중국기업의 등장으로 수익성은 감소
- 반도체 사업의 시황의 따라 실적이 좌우되는 전반적인 사업 정체 상황

이를 극복하기 위해서는 다음과 같은 접근이 필요하다.
- Global Standard에 적합한 경영시스템으로 전환이 필요
- 소프트웨어 분야의 혁신적 기술을 기존 제품들에 접목
- 신성장 동력이 될 수 있는 아이템 개발이 필요

2. HD 현대 인프라코어의 Global 진입 전략

인프라 코어 경쟁 환경 분석(2005년): 5 Forces

신규 진입 위협	• Sany와 Zoomlion과 같은 중국 업체들이 중국 내수 시장을 중심으로 매출 확대하고 있다.
구매자의 협상력	• 글로벌 시장의 건설 경기에 즉시 대응할 수 있는 현지 공급 능력 • 투자비가 높기 때문에 판매 금융 조건에 많은 영향을 받는 구매 패턴

공급자의 협상력	• 공급자의 경쟁력 원천
	  - 글로벌 딜러 네트워크를 통한 마케팅 및 고객 서비스 역량
	  - 다양한 제품 라인업 제공

대체재의 위협	• 친환경 엔진 등 새로운 엔진 기술 • 인터넷, GPS 등 IT와 기술과의 접목

경쟁 구도

• 중장비 산업은 빠른 시일 내에 일정 규모에 도달하지 못하면 연구, 개발, 생산 분야에서 규모의 경제를 획득하지 못하여 장기적으로 도태됨
• 내수와 중국 중심으로 대형 건설 설비를 공급하는 두산인프라코어는 지속적 성장을 위한 혁신적 변화가 필요함

S.W.O.T Implication

• Strength
  - 내수, 중국 시장 점유율 및 경쟁력
• Weakness
  - 대형 굴착기 중심의 제품 라인업
  - Global 생산 및 마케팅 역량 취약
  - Project financing 역량 취약
• Threat
  - 중국 업체들의 시장 진입으로 중국 점유율 위협
  - 친환경 엔진 기술, 무선인터넷 IT 기술의 혁신
• Opportunity
  - 중국, 아시아의 건설 시장 성장

SWOT 차별화 전략 Matrix

	강점 Strength	약점 Weakness
기회 Opportunity	**SO 전략** • 중국 시장 점유율 1위 수성을 위한 현지 생산 및 판매 강화	**WO 전략** • 글로벌 판매 네트워크 확대 • 글로벌 Project financing 역량 확보 • 미주 유럽 시장 확대를 위한 딜러 네트워크 협력 체제 구축
위협 Threat	**ST 전략** • 글로벌 M&A 통한 제품 경쟁력 강화 - 친환경 엔진 기술, 무선인터넷 기술 확보 - 소형 굴착기, 특수 공사 기계 등 제품 라인업 강화	**WT 전략** • 중국 업체 M&A 통해 중국 업체 대비 경쟁 우위 확보

인프라코어 Global 경쟁 전략: GE Mckinsey Matrix

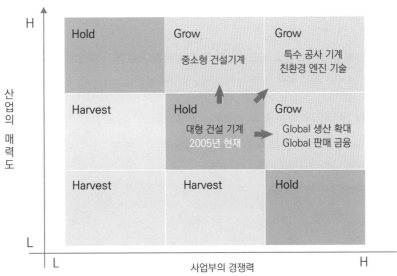

인프라코어 경쟁 전략: BCG Matrix

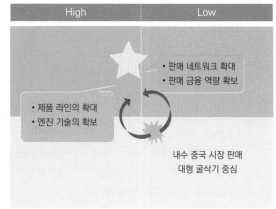

상대적 시장 점유율

	High	Low

시장 성장율 (High / Low)

- 판매 네트워크 확대
- 판매 금융 역량 확보

- 제품 라인의 확대
- 엔진 기술의 확보

내수 중국 시장 판매
대형 굴삭기 중심

인프라코어의 Global 경쟁 전략

중장비 산업은 빠른 시일 내에 일정 규모에 도달하지 못하면 연구, 개발, 생산 분야에서 규모의 경제를 획득하지 못하여 장기적으로 도태됨. 차별적 경쟁력 확보를 위한 과제는 다음과 같다.

- 취약한 경쟁력 부분과 제품 라인업을 글로벌 M&A를 통해 적극적 확보
  - 소형 건설기계, 특수 공사 기계 등 제품 라인의 확대
  - 친환경 엔진 기술의 확보
- 중국 시장 점유율 1위 수성을 위한 생산 및 판매 강화
- 미주 유럽 시장 확대를 위한 딜러 네트워크 협력 체제 구축
- 글로벌 판매 네트워크 확대 강화
- 글로벌 판매 금융 역량 강화

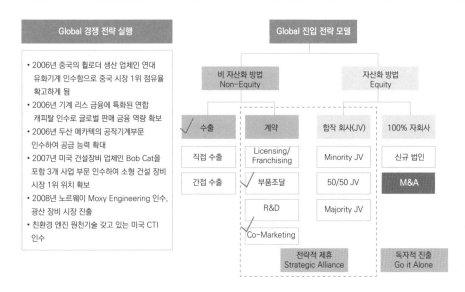

Global 경쟁 전략 실행

- 2006년 중국의 휠로더 생산 업체인 연대 유화기계 인수함으로 중국 시장 1위 점유율 확고하게 됨
- 2006년 기계 리스 금융에 특화된 연합 캐피탈 인수로 글로벌 판매 금융 역량 확보
- 2006년 두산 메카텍의 공작기계부문 인수하여 공급 능력 확대
- 2007년 미국 건설장비 업체인 Bob Cat을 포함 3개 사업 부문 인수하여 소형 건설 장비 시장 1위 위치 확보
- 2008년 노르웨이 Moxy Engineering 인수, 광산 장비 시장 진출
- 친환경 엔진 원천기술 갖고 있는 미국 CTI 인수

Global 진입 전략 모델

비 자산화 방법
Non-Equity

자산화 방법
Equity

수출 / 계약 / 합작 회사(JV) / 100% 자회사

직접 수출 / Licensing/Franchising / Minority JV / 신규 법인

간접 수출 / 부품조달 / 50/50 JV / M&A

R&D / Majority JV

Co-Marketing

전략적 제휴
Strategic Alliance

독자적 진출
Go it Alone

인프라코어 Global 시장 진입 전략

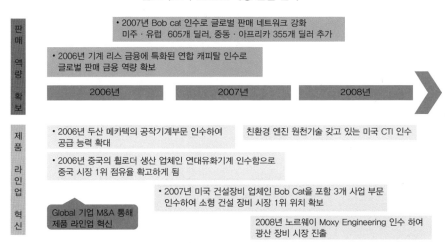

판매 역량 확보

- 2007년 Bob cat 인수로 글로벌 판매 네트워크 강화 미주·유럽 605개 딜러, 중동·아프리카 355개 딜러 추가
- 2006년 기계 리스 금융에 특화된 연합 캐피탈 인수로 글로벌 판매 금융 역량 확보

2006년　　2007년　　2008년

제품 라인업 혁신

- 2006년 두산 메카텍의 공작기계부문 인수하여 공급 능력 확대
- 친환경 엔진 원천기술 갖고 있는 미국 CTI 인수
- 2006년 중국의 휠로더 생산 업체인 연대유화기계 인수함으로 중국 시장 1위 점유율 확고하게 됨
- 2007년 미국 건설장비 업체인 Bob Cat을 포함 3개 사업 부문 인수하여 소형 건설 장비 시장 1위 위치 확보
- 2008년 노르웨이 Moxy Engineering 인수 하여 광산 장비 시장 진출

Global 기업 M&A 통해 제품 라인업 혁신

두산 인프라코어의 글로벌 매출

지역별 매출액

두산 인프라 코어는 핵심 역량을 강화하기 위해 글로벌 경쟁력 있는 기업들의 M&A를 적극적으로 추진한 결과
- 2007년 기준 건설기계 시장 점유율 17위에서 2014년 10위로 도약함
- 글로벌 판매 네트워크는 중국시장 편중에서 지역적으로 다변화되어 미국 유럽 선진 시장 입지 강화됨
- 2021년 1분기 매출액 11억 달러로 최고 실적 올림
- Global M&A를 위한 M&A 인수 비용 조달은 Leverage buyout 방식, Syndicate Loan, 그룹 자체 자금 활용
- 인수한 기업들은 두산 인프라코어 인터네셔날에 편입하여 파견 인력 최소화, 피인수 기업의 자원을 최대한 활용함

3. Netflix Global 전략

Netflix PEST 분석

Political Factors	■ 중국 등 정치적 이슈로 인한 진입 제한 국가 있음 ■ 정부 법규 및 정책으로 콘텐츠 내용과 소스 제한 ■ 정책적으로 제한된 네트워크 액세스 문제
Economic Factors	■ 비디오 스트리밍 시장의 양적, 질적 성장 ■ 현지 환율의 변동으로 수익에 영향 ■ 양질의 콘텐츠 니즈 vs 구독료 인상 간의 균형 이슈 ■ 현지 비디오 스트리밍 서비스의 경쟁 심화 ■ 콘텐츠 불법 복제 및 유통으로 인한 수입 감소
Sociocultural Factors	■ 대중 문화 setter로서의 역할 증대 ■ 광고, 홍보 등에 영향력 증가 ■ 중독성, 폭력성, 선정성 등으로 인한 사회적 이슈 ■ 사회적 가치 추구에 대한 요구 강화
Technological Factors	■ 최소한의 데이터를 사용하여 고품질 비디오를 이용 ■ 지속적으로 변경되는 알고리즘—콘텐츠 등급 시스템 ■ 자동 번역 소프트웨어(Hermers)의 개발 ■ 모바일에서 라이브 스트림 시청 가능

S.W.O.T. Implication(전략 방향성)

■ Opportunity
- 비디오 스트리킹 시장 의 잠재적 성장 가능성 높음
- OTT 플랫폼 사업자의 증가로 컨텐츠 수요 증가
- 가입자의 수의 확대로 광고 수입 증가 가능
- Netflix 전용 콘텐츠의 선호도 높음

■ Threat
- 현지 정부의 규제 정책으로 인한 서비스 및 수익 모델 제한
- 전통적 컨텐츠 사업자, OTT 플랫폼 사업자 등과의 경쟁
- Disruptive 비디오 스트리밍 기술의 발전
- 콘텐츠 불법 복제 및 판매

Netflix 5 Forces 분석

신규 진입 위협	• 전통적인 컨텐츠 사업자와 네트워크 사업자의 시장 진입 • 신규 참가자의 진입장벽은 높지만, 기존 사업자의 경우 진입장벽이 낮음 • IT 기기 사업자의 시장 참여로 경쟁 구도 복잡
구매자의 협상력	• 스트리밍 사업자 증가로 수요자 선택권 확대 • 업계는 유사한 구독료 구조라서 가격 보다는 콘텐츠의 품질이 중요
공급자의 협상력	• 기존 컨텐츠가 풍부한 전통적 사업자 경쟁력 있음 • 네트워크 제공자, IT 기기 사업자들 간의 전략적 제휴로 경쟁력 심화 • 점점 더 많은 제작사가 자체 VOD 서비스를 시작하면서 Netflix의 콘텐츠 경쟁력 위협
대체재의 위협	• TV, 영화관 등 off line 비디오 서비스의 영향력은 지속적으로 낮아 질 것임 • 비디오 스트리밍 기술의 발전에 따른 혁신적 전송 방식을 채택한 사업자의 위협 가능성 있음

경쟁 구도

• 미국은 경쟁 심화로 성장 한계
  - Apple, Disney, HBO, Britbox (BBC 및 ITV)와 같은 전통적 컨텐츠 사업자들 스트리밍 서비스 사업 진출
  - Amazon Prime은 기존 서비스에 비디오 스트리밍 엑세스를 결합 판매함
• Netflix, Inc.는 경쟁이 매우 치열한 CATV 시스템 산업에서 운영됨. 장기적 수익성을 유지하기 어려움
• Global 사업 확대에 따른 지역별 경쟁이 양적 질적으로 증가함에 따라 차별적 경쟁력 확보가 중요

S.W.O.T Implication

• 전략 방향성
  - 규제 강한 지역은 전략적 파트너십으로 경쟁력 강화
  - 현지 contents 비중 증가로 현지 Trend 대응
  - IT 기기 및 소프트웨어 사업자와의 전략적 제휴로 기술 경쟁력 확보
  - 불법 복제 및 유통을 방지할 기술 개발 및 정책 shaping
  - Netflix 전용 contents 개발 역량 강화
  - 혁신 적 기술 벤처, OTT 플랫폼 회사 등을 M&A 하여 사업 경쟁력 강화

품질 가격 매트릭스 Better-Cheaper Matrix

품질 경쟁 변수 (Better)	더 높음	시장 선도 전략	품질 선도 전략 Netflix	챔피언 전략 Disney+
	같음	가격경쟁력 확보	평균화 전략	가격 선도 전략 Hulu
	더 낮음	EXIT or R&D	품질 경쟁력 확보	싸구려 전략
		더 비쌈	같음	더 쌈

가격 경쟁 변수(Cheaper)

Netflix SWOT 분석

S	W
• 강력한 브랜드 인지도 • 2억의 글로벌 유료 멤버십 기반 • 빅데이터를 기반으로 하는 추천 기능 • 오리지널 콘텐츠 제작 능력	• 환율 변동에 의한 수익성 영향 • 전통 컨텐츠 사업자 대비 원본 콘텐츠의 부족 • 현지의 통신 네트워크 사업자에 의존도 높은 사업구조
• 비디오 스트리밍 시장의 높은 성장성 • 모바일 기기들과 인터넷 네트워크 기술의 발달 • 가입자 확대로 광고 수입 증가 가능 • Netflix 전용 콘텐츠의 선호도 높음 O	• 정부의 규제 정책으로 서비스 및 수익 모델 제한 • 전통적 컨텐츠 사업자, OTT 플랫폼 사업자와 경쟁 • Disruptive 비디오 스트리밍 기술의 발전 • 콘텐츠 불법 복제 및 판매, 불법 계정 공유 • 빅데이터의 고객 정보 유출 가능성 T

놀라운 엔터테인먼트 경험을 제공하여 계속 선두기업을 유지한다.	통신 네트워크 사용료로 인한 정부와의 갈등과 경쟁 심화로 인한 성장성의 한계 직면

미래 비전 ←——————→ 현재 수준

Gap

Netflix의 SWOT 매트릭스

	강점 Strength	약점 Weakness
기회 Opportunity	**SO 전략** • 중국 아시아 등 성장 잠재력 높은 시장 공략 • 가입자에 대한 서비스 강화로 고객 충성도 강화 • 광고 홍보 수입원 확대	**WO 전략** • Netflix 전용 contents 개발 역량 강화 • 혁신적 기술 벤처 인수로 기술 경쟁력 강화 • 망 사업자와의 전략적 제휴로 안정적 수익 기반 확보
위협 Threat	**ST 전략** • 정부의 규제 정책 개선을 위한 현지 전략적 파트너십 강화 • 현지 contents 비중 확대	**WT 전략** • 불법 복제 및 유통을 방지할 기술 개발 • IT 기기 및 소프트웨어 사업자와의 전략적 제휴로 기술 쟁력 확보 • 신규 진입 OTT 플랫폼 회사 등을 M&A 하여 경쟁 우위 확보

Netflix의 Global 경쟁 전략

- 중국 등 제한적 서비스 제공 지역 공략
- Netflix 전용 contents 확대
- M&A로 사업 경쟁력 강화
  - 기술 벤처, contents 사업자 및 제작 스튜디오
- 전략적 제휴로 약점 보완 및 위협 대응
  - 통신망 사업자, 모바일 기기 사업자
- 불법 유통 및 복제 방지 강화

Global 경쟁 전략 실행 사례

- 태국 무선 망 사업자 AIS와 제휴, AIS 고객에게 독점 컨텐츠 제공
- 삼성 디바이스와의 통합 서비스 제휴
- 중국 동영상 스트리밍 사업자 iQiyi.com에 컨텐츠 Licensing
- 일본 텔런트 에이전시 Yoshimoto Kogyo와 제휴하여 독점 현지 쇼 제작
- 한국 컨테츠 제작사 Studio Dragon와 전략적 제휴로 한국 컨텐츠 제작
- 2022 Next Games M&A for 73M$
- 2021 스튜디오 Scanline VFX M&A

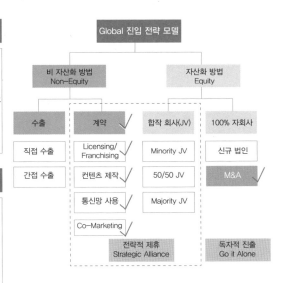

Netflix의 Value chain 전략

- 태국 무선 망 사업자 AIS와 제휴하여 AIS 고객에게 독점 컨텐츠 제공
- 삼성 디바이스와의 통합 서비스 제휴

- 중국 동영상 스트리밍 사업자 iQiyi.com에 컨텐츠 Licensing

휴대폰 및 망 사업자와 전략적 제휴로 주문형 비디오 사업 참여

비디오 스트리밍 사업자에게 Netflix 컨텐츠 라이센싱

| 컨텐츠 | 통신 망/IT 기기 | OTT 플랫폼 | 마케팅 |

컨텐츠사업 인수

컨텐츠의 현지화

- 2022 Next Games M&A for 73M$
- 2021 스튜디오 Scanline VFX M&A

서비스의 글로벌 확장

- 일본 텔런트 에이전시 Yoshimoto Kogyo 와 제휴하여 독점 현지 쇼 제작
- 한국 컨테츠 제작사 Studio Dragon과 전략적 제휴로 한국 컨텐츠 제작

- 글로벌화 1단계로 2010년 캐나다 시장 진입
- 2단계로 남미와 서유럽 43개국 서비스 제공
- 3단계로 190개국에 서비스 제공

Netflix 중국 시장 PEST 분석

Political Factors	■ 정치적 이슈로 인한 컨텐츠 제한 있음 ■ 정부 법규 및 정책으로 콘텐츠 유통 통제 ■ 정책적으로 제한된 네트워크 액세스 문제
Economic Factors	■ 비디오 스트리밍 시장의 양적, 질적 성장 ■ 현지 환율의 변동으로 수익에 영향 ■ 현지 비디오 스트리밍 서비스의 사업자 증가 ■ 콘텐츠 불법 복제 및 유통으로 인한 수입 감소
Sociocultural Factors	■ 대중 문화 setter로서의 역할 증대 ■ 광고, 홍보 등에 영향력 증가 ■ 중독성, 폭력성, 선정성 등으로 인한 사회적 이슈 ■ 사회적 가치 추구에 대한 요구 강화
Technological Factors	■ 통신망의 품질 불안정, 엑세스 제한 등으로 서비스 품질 수준 낮음 ■ IT Device 기술 발전으로 통합적 서비스 제공을 위한 IT 기기 제조업체와의 협력 필수적

S.W.O.T. Implication(전략 방향성)

■ Opportunity
- 비디오 스트리킹 시장의 잠재적 성장 가능성 높음
- OTT 플랫폼 사업자의 증가로 컨텐츠 수요 증가
- 가입자의 수의 확대로 광고 수입 증가 가능
- Netflix 전용 콘텐츠의 선호도 높음

■ Threat
- 현지 정부의 규제 정책으로 인한 서비스 및 수익 모델 제한
- 전통적 컨텐츠 사업자, OTT 플랫폼 사업자 등과의 경쟁
- Disruptive 비디오 스트리밍 기술의 발전
- 콘텐츠 불법 복제 및 판매

Netflix 중국 경쟁 포지션 분석: 5 Forces

신규 진입 위협	• 전통적인 컨텐츠 사업자와 네트워크 사업자의 시장 진입 • 신규 참가자의 진입장벽은 높지만, 기존 사업자의 경우 진입장벽이 낮음 • IT 기기 사업자의 시장 참여로 경쟁 구도 복잡
구매자의 협상력	• 스트리밍 사업자 증가로 수요자 선택권 확대 • 업계는 유사한 구독료 구조라서 가격 보다는 컨텐츠의 품질이 중요
공급자의 협상력	• 기존 컨텐츠가 풍부한 전통적 사업자 경쟁력 있음 • 네트워크 제공자, IT 기기 사업자들간의 전략적 제휴로 경쟁력 심화 • 점점 더 많은 제작사가 자체 VOD 서비스를 시작하면서 Netflix의 콘텐츠 경쟁력 위협
대체재의 위협	• TV, 영화관 등 off line 비디오 서비스의 영향력은 지속적으로 낮아 질 것임 • 비디오 스트리밍 기술의 발전에 따른 혁신적 전송 방식을 채택한 사업자의 위협 가능성 있음

경쟁 구도

• 비디오 스트리밍 시장은 3개 업체가 과점적 시장 지배를 하고 있음
• 정부의 규제에 의해 경쟁 구도의 급격한 변동은 제한적임
• 통신 사업자의 망 엑세스 제한

S.W.O.T Implication

• 전략 방향성
- 규제 강한 지역은 전략적 파트너십으로 경쟁력 강화
- 현지 contents 비중 증가로 현지 Trend 대응
- IT 기기 및 소프트웨어 사업자와의 전략적 제휴로 기술 경쟁력 확보
- 불법 복제 및 유통을 방지할 기술 개발 및 정책 shaping
- Netflix 전용 contents 개발 역량 강화
- 혁신적 기술 벤처, OTT 플랫폼 회사 등을 M&A 하여 사업 경쟁력 강화

Netflix 중국 SWOT 분석

S	W
• 강력한 브랜드 인지도 • 2억의 글로벌 유료 멤버십 기반 • 지역별 관련 사업자들과의 파트너십 • 규모의 경제로 대규모 투자 가능	• 환율 변동에 의한 수익성 영향 • 원본 컨텐츠의 부족 • 자체 컨텐츠 개발 역량이 전통 컨텐츠 사업자 대비 열세 • 현지의 통신 네트워크 사업자에 의존도 높은 사업구조
• 비디오 스트리킹 시장의 잠재적 성장 가능성 높음 • OTT 플랫폼 사업자의 증가로 컨텐츠 수요 증가 • 가입자 확대로 광고 수입 증가 가능 • Netflix 전용 콘텐츠의 선호도 높음 **O**	• 현지 정부의 규제 정책으로 서비스 및 수익 모델 제한 • 전통적 컨텐츠 사업자, OTT 플랫폼 사업자 등과의 경쟁 • Disruptive 비디오 스트리밍 기술의 발전 • 콘텐츠 불법 복제 및 판매 • 불법 계정 공유로 인한 수익 감소 **T**

놀라운 엔터테인먼트 경험을 제공하여 계속 선두기업을 유지한다.	통신 네트워크 사용료로 인한 정부와의 갈등과 경쟁 심화로 인한 성장성의 한계 직면

미래 비전 ◄─────► 현재 수준

Gap

Netflix의 중국 SWOT 전략 매트릭스

	강점 Strength	약점 Weakness
기회 **Opportunity**	**SO 전략** • 중국 아시아 등 성장 잠재력 높은 시장 공략 • 가입자에 대한 서비스 강화로 고객 충성도 강화 • 광고 홍보 수입원 확대	**WO 전략** • Netflix 전용 contents 개발 역량 강화 • 혁신적 기술 벤처 인수로 기술 경쟁력 강화 • 망 사업자와의 전략적 제휴로 안정적 수익 기반 확보
위협 **Threat**	**ST 전략** • 정부의 규제 정책 개선을 위한 현지 전략적 파트너십 강화 • 현지 contents 비중 확대	**WT 전략** • 불법 복제 및 유통을 방지할 기술 개발 • IT 기기 및 소프트웨어 사업자와의 전략적 제휴로 기술 쟁력 확보 • 신규 진입 OTT 플랫폼 회사 등을 M&A 하여 경쟁 우위 확보

- Netflix 전용 contents 확대
- M&A로 사업 경쟁력 강화
  - 기술 벤처, contents 사업자 및 제작
    스튜디오
- 전략적 제휴로 약점 보완 및 위협 대응
  - 통신망 사업자, 모바일 기기 사업자
- 불법 유통 및 복제 방지 강화

중국 진입 전략 제안

- YouKu, Tencent video와의 스트리밍
  서비스 전략적 제휴
- Huwei와 전략적 제휴로 디바이스 서비스
  품질 개선
- 현지 contents 제작사와 제휴로 현지
  컨텐츠 비중 확대
- 알리바바와 같은 유통 회사와의 전략적
  제휴로 서비스 체널 다양화

4. SONY의 Global 진입 전략

SONY 거시 환경 분석: PEST

Political Factors	▪ 덤핑 관세 등 관세 장벽으로 인해 단순 수출 의존 성장에 한계 ▪ 중국 등 정부의 외국 기업의 경쟁 제한 규제 강화 추세
Economic Factors	▪ 엔화 절상으로 인한 가격 경쟁력 불확실성 증가 ▪ 개발 도상국들의 구매력 증가로 시장 지속 확대 ▪ 미 중 갈등, 전쟁, 코로나 등으로 인한 경제 침체 현상 지속
Sociocultural Factors	▪ Globalization과 인터넷으로 인한 지역간 시장 동조 현상 ▪ TV 등 가전 시장에서 모바일 기기 및 소프트웨어 서비스 사업으로 소비자의 관심도 변화 ▪ On-line 쇼핑, SNS 등 소비자 구매 패턴의 다양화
Technological Factors	▪ IOT home appliance 등 premium 가전 기술의 발전 ▪ 기술력을 갖춘 삼성, LG, 애플 등 새로운 경쟁자들의 신제품 출시 ▪ 국제 규격과 상이한 일본 규격으로 인한 부품 호환성 제한

S.W.O.T. Implication(전략 방향성)

▪ Opportunity
  - 모바일 기기, 소프트웨어 사업의 성장
  - 뮤직, 영화 등 컨텐츠 사업의 성장
  - 아시아 등 개발도상국 구매력 증대
  - 전기차 시장 성장에 따른 전장 시장 성장

▪ Threat
  - 환율변동에 따라 가격 경쟁력 불확실성 증가
  - 미국의 반덤핑 규제 강화
  - 신규 경쟁자의 시장 진입
  - TV , 오디오 등 전통적 가전 시장의 수요 감소로 수익성 없는 제품 라인의 증가

SONY 경쟁 환경 분석(2000년): 5 Forces

		경쟁 구도		전략 방향 제안
신규 진입 위협	• 시장 Trend의 변화에 따라 기술력과 마케팅 역량을 갖춘 삼성, LG, 애플, 노키아 등 새로운 경쟁자들이 나타남.		• 가전제품은 삼성전자, LG전자, 오디오는 Apple과의 경쟁으로 기존 핵심 제품들의 시장 점유율 하락	• Global 현지 생산 및 마케팅 체제로 전환 • 부품 조달 현지화로 현지 value chain 구축 • 메가 Trend에 적합한 제품 포트폴리오 혁신
구매자의 협상력	• 엔화 절상에 따른 Made in Japan 제품의 가격 인상이 소비자 구매에 악영향을 미침 • 경쟁 제품들의 품질향상으로 구매자 선택폭이 넓어짐		• 80년대 초까지 품질과 가격이 경쟁력 원천이었으나 환율, 정부 규제 등으로 경쟁력 저하됨	• 일본에 집중된 R&D를 Global 기술거점으로 이전 • 취약한 경쟁력은 Global 혁신 기업들과의 전략적 제휴, M&A 등으로 조달
공급자의 협상력	• 일본산 부품은 환율 변동에 취약 • 일본 부품의 규격이 현지 규격과 상이하여 부품 호환성 취약함		• 소비 추세가 가전 제품에서 모바일 기기, 컴퓨터, 로봇, 컨텐츠 등으로 이전하고 있으나, 이에 대한 준비가 충분하지 않음	• 반덤핑 규제 등 미정부의 비관세 장벽에 대응으로 미국 시장을 우선 공략
대체재의 위협	• i-Pod, Tablet 등 IT 신제품이 기존 가전제품 소비를 대체함 • 무선 인터넷에 대응할 TV 등 전통 가전제품의 기능적 한계			

SONY Global 경쟁 전략: BCG Matrix

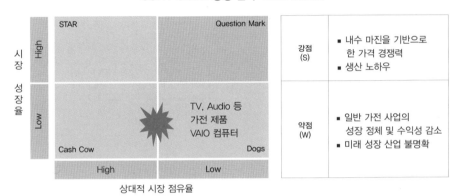

강점 (S)	■ 내수 마진을 기반으로 한 가격 경쟁력 ■ 생산 노하우
약점 (W)	■ 일반 가전 사업의 성장 정체 및 수익성 감소 ■ 미래 성장 산업 불명확

시장 성장율 / High / Low
STAR / Question Mark / Cash Cow / Dogs
High / Low
상대적 시장 점유율
TV, Audio 등 가전 제품 VAIO 컴퓨터

GE Matrix : SONY

Hold	Grow	Grow	강점 (S)	■ IT 성장 사업에서 Top Tier 입지 구축 ■ 하드웨어와 소프트웨어 사업의 융합 역량	
Harvest	Hold ■ TV, Audio ■ 가전 제품 ■ 현지 단순 조립 생산 ■ 일본 중심 부품 조달	Grow	약점 (W)	■ 일반 가전 중심의 사업구조로 성장 및 수익성 한계 ■ 미래 성장 사업 역량 취약	
Divest	Harvest	Hold	전략 방향성	■ Value chain 국제 분업 체계 구축 ■ 고부가 성장 산업으로 포트폴리오 혁신	

산업의 매력도 / 사업부의 경쟁력

SONY Global 경쟁 전략: Better-cheaper matrix

	더 비쌈	같음	더 쌈
더 높음	시장 선도 전략	품질 선도 전략	챔피언 전략
같음	가격경쟁력 확보 TV, Audio 가전 제품 현지 단순 조립 생산 일본 중심 부품 조달	평균화 전략	가격 선도 전략
더 낮음	EXIT or R&D	품질 경쟁력 확보	싸구려 전략

품질 경쟁 변수 (Better) — 세로축
가격 경쟁 변수(Cheaper) — 가로축

강점 (S)	▪ 고품질 생산기술 ▪ 품질에 대한 브랜드 인지도
약점 (W)	▪ 환율 변동에 가격 경쟁력 취약 ▪ 일본 생산 원가 증가 추세
전략 방향성	▪ 원가 혁신: 공장 구조 조정 ▪ 프리미엄 품질 기술력 확보

미래 비전과 현실의 GAP(1908년대)

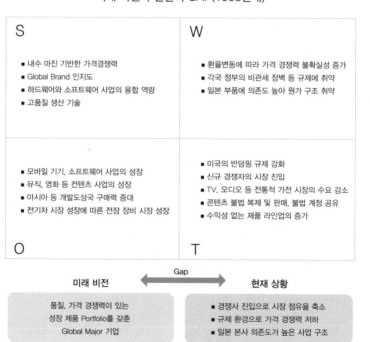

S	W
▪ 내수 마진 기반한 가격경쟁력 ▪ Global Brand 인지도 ▪ 하드웨어와 소프트웨어 사업의 융합 역량 ▪ 고품질 생산 기술	▪ 환율변동에 따라 가격 경쟁력 불확실성 증가 ▪ 각국 정부의 비관세 장벽 등 규제에 취약 ▪ 일본 부품에 의존도 높아 원가 구조 취약
▪ 모바일 기기, 소프트웨어 사업의 성장 ▪ 뮤직, 영화 등 컨텐츠 사업의 성장 ▪ 아시아 등 개발도상국 구매력 증대 ▪ 전기차 시장 성장에 따른 전장 장비 시장 성장	▪ 미국의 반덤핑 규제 강화 ▪ 신규 경쟁자의 시장 진입 ▪ TV, 오디오 등 전통적 가전 시장의 수요 감소 ▪ 콘텐츠 불법 복제 및 판매, 불법 계정 공유 ▪ 수익성 없는 제품 라인업의 증가
O	T

Gap

미래 비전	현재 상황
품질, 가격 경쟁력이 있는 성장 제품 Portfolio를 갖춘 Global Major 기업	▪ 경쟁사 진입으로 시장 점유율 축소 ▪ 규제 환경으로 가격 경쟁력 저하 ▪ 일본 본사 의존도가 높은 사업 구조

SONY의 Global 경쟁 전략: SWOT 전략 Matrix

	강점 Strength	약점 Weakness
기회 **Opportunity**	**SO 전략** • 메가 Trend에 대응 제품 포트폴리오 혁신으로 Global 성장 시장 공략 • 가격 경쟁 강점을 살리기 위한 현지 부품 조달 전략 • 지역 수요의 특성에 맞는 신제품 개발 전략	**WO 전략** • Global 혁신 기업들과의 전략적 제휴, M&A 등으로 취약한 마케팅, 신규 사업 기반 확보 • 현지 value chain 구축으로 경쟁력 강화 • 신기술을 활용한 제품 및 서비스 다각화 전략
위협 **Threat**	**ST 전략** • 일본에 집중된 R&D 및 제품 개발 기능을 혁신을 리드하는 Global 거점으로 이전 • 환율 리스크 대응을 위해 현지 부품 조달 및 생산 거점 확보(직접 투자 및 M&A)	**WT 전략** • 반덤핑 규제 등 미정부의 비관세 장벽에 대응을 위해 미국 현지 생산 및 마케팅 체제 구축

SONY Global 경쟁 전략: BCG Matrix

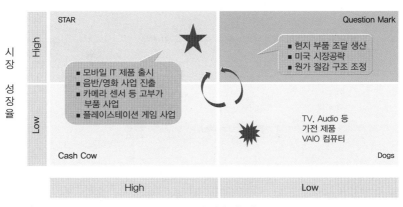

첨부 1. 실습 사례 예시 **183**

GE Matrix : SONY

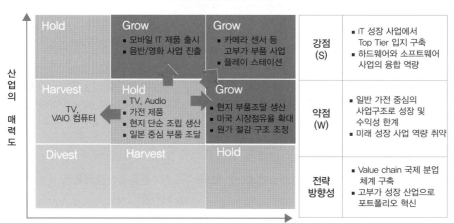

Grid				강점 (S)	■ IT 성장 사업에서 Top Tier 입지 구축 ■ 하드웨어와 소프트웨어 사업의 융합 역량

산업의 매력도 / 사업부의 경쟁력

Hold

Grow
■ 모바일 IT 제품 출시
■ 음반/영화 사업 진출

Grow
■ 카메라 센서 등 고부가 부품 사업
■ 플레이 스테이션

Harvest
TV, VAIO 컴퓨터

Hold
■ TV, Audio
■ 가전 제품
■ 현지 단순 조립 생산
■ 일본 중심 부품 조달

Grow
■ 현지 부품조달 생산
■ 미국 시장점유율 확대
■ 원가 절감 구조 조정

Divest

Harvest

Hold

강점 (S)	■ IT 성장 사업에서 Top Tier 입지 구축 ■ 하드웨어와 소프트웨어 사업의 융합 역량
약점 (W)	■ 일반 가전 중심의 사업구조로 성장 및 수익성 한계 ■ 미래 성장 사업 역량 취약
전략 방향성	■ Value chain 국제 분업 체계 구축 ■ 고부가 성장 산업으로 포트폴리오 혁신

SONY Global 경쟁 전략: Better-cheaper matrix

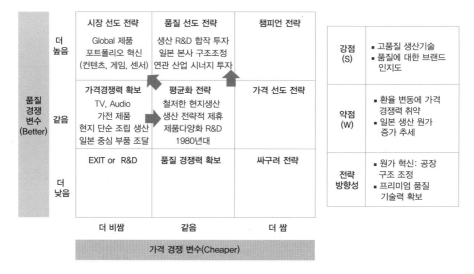

품질 경쟁 변수 (Better) / 가격 경쟁 변수(Cheaper)

더 높음

시장 선도 전략
Global 제품
포트폴리오 혁신
(컨텐츠, 게임, 센서)

품질 선도 전략
생산 R&D 합작 투자
일본 본사 구조조정
연관 산업 시너지 투자

챔피언 전략

같음

가격경쟁력 확보
TV, Audio
가전 제품
현지 단순 조립 생산
일본 중심 부품 조달

평균화 전략
철저한 현지생산
생산 전략적 제휴
제품다양화 R&D
1980년대

가격 선도 전략

더 낮음

EXIT or R&D

품질 경쟁력 확보

싸구려 전략

더 비쌈 / 같음 / 더 쌈

강점 (S)	■ 고품질 생산기술 ■ 품질에 대한 브랜드 인지도
약점 (W)	■ 환율 변동에 가격 경쟁력 취약 ■ 일본 생산 원가 증가 추세
전략 방향성	■ 원가 혁신: 공장 구조 조정 ■ 프리미엄 품질 기술력 확보

SONY의 Global 경쟁 전략

- 미국 등 정부 규제에 취약점을 극복하기 위한 적극적인 글로벌 생산 전략

- 지역 수요의 특성에 맞는 신제품 개발 전략

- 반덤핑 규제 등 미정부의 비관세 장벽에 대응으로 미국 시장을 우선 공략

- 환율 리스크 대응 및 원가 경쟁력 확보 위해 현지 부품 조달 및 생산 거점 확보(직접 투자 및 M&A)

- 현지 관련 업체와의 전략적 제휴(생산 및 합작투자)

- 취약한 경쟁력 부분과 혁신 제품 포트폴리오를 M&A를 통해 적극적 확보

경쟁 전략의 실행
· 1972년 샌디에이고에 단순 조립 생산 투자
· 1974년 브라운관 현지 생산
· 1986년 멕시코 티후아나에 부품 조립 공장 투자
· 1988년 CBS 레코드 인수 음반산업 진출
· 1989년 Columbia Pictures 인수영화산업 진출
컴퓨터 모니터 사업 진출
텍사스 반도체 공장 인수
· 1991년 컴퓨터 주변기기 사업 진출
· 1994년 Qualcomm과 합작, CDMA 단말기 생산
· 2002년 Ericsson과 합작투자 무선전화기 생산
· 2014년 헬스케어, 드론, 교육 분야에 진출
· 2018년 음반사 EMI 인수하여 컨텐츠 사업 강화
· 2020년 차량 Vision-S를 출시, 전기차 사업 진출
· 2022년 HONDA와 합작으로 전기차 사업 진출
· 2022년 TSMC와 합작으로 반도체 공장 설립

Global 진입 전략 모델

- 비 자산화 방법 Non-Equity
  - 수출 ✓
    - 직접 수출
    - 간접 수출
  - 계약 ✓
    - Licensing/ Franchising
    - 부품조달
    - R&D
    - Co-Marketing
- 자산화 방법 Equity
  - 합작 회사(JV) ✓
    - Minority JV
    - 50/50 JV
    - Majority JV
  - 100% 자회사
    - 신규 법인 ✓
    - M&A

전략적 제휴 Strategic Alliance

독자적 진출 Go it Alone

SONY의 Global 경쟁 전략 실행

<table>
<tr><td rowspan="4">현 지 화 전 략</td><td>1986년 멕시코 티후아나에 부품 조립 공장 투자</td><td rowspan="2">반덤핑 규제 대응
물류 및 부품 공급 유리
브라운관 이슈 해결</td></tr>
<tr><td>1974년 브라운관 현지 생산</td></tr>
<tr><td>1972년 샌디에이고에 단순 조립 생산 투자</td></tr>
<tr><td>1970~80년대 / 1990년대 / 2000년대 / 2010년대 / 2020년</td></tr>
</table>

1970~80년대 | 1990년대 | 2000년대 | 2010년대 | 2020년

글로벌 제품 혁신

1988년 CBS 레코드 인수 음반산업 진출
1989년 Columbia Pictures 인수영화산업 진출
컴퓨터 모니터 사업 진출
텍사스 반도체 공장 인수

2020년 차량 Vision-S를 출시, 전기차 사업 진출
2022년 TSMC와 합작으로 반도체 공장 설립
2022년 HONDA와 합작으로 전기차 사업 진출

1991년 컴퓨터 주변기기 사업 진출
1994년 Qualcomm과 합작으로 CDMA 단말기 생산

Global 기업 M&A 통해
하드웨어 사업에서 컨텐츠 사업으로 전환

2002년 Ericsson과 합작투자 무선전화기 생산

2014년 헬스케어, 드론, 교육 분야에 진출
2018년 음반사 EMI 인수하여 컨텐츠 사업 강화

SONY의 Global 경쟁 전략은 해외 직접 투자를 통해, 현지법인의 사업 포트폴리오를 고도화
하는 패턴을 보여줌

- TV와 같이 경쟁우위 핵심 사업분야에 우선 진출하여 현지 경영 노하우를 축적

- 점차 경쟁우위가 약한 컴퓨터, 통신, 멀티 미디어 등 신규 분야로 진출

- 하드웨어 사업에서 컨텐츠 사업으로 무게 중심을 옮김

- 진출 초기 핵심사업 분야는 직접 투자 형태

- 새로운 사업분야는 주로 인수합병이나 전략적 제휴, 합작투자의 형태로 진출

사업부문별 매출

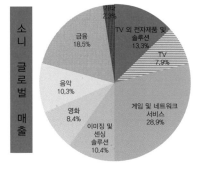

소니 글로벌 매출

Market Capitalizatione Trend

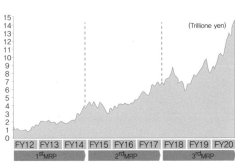

(Trillione yen)

5. 아모레 퍼시픽

아모레 퍼시픽 거시 환경 분석 : PEST

Political Factors	▪ 미 중 갈등, 사드 사태 등으로 인한 중국 판매 위축
Economic Factors	▪ 우크라이나 전쟁으로 인한 세계 경제 침체 ▪ 코로나 팬데믹으로 인한 내수, 수출 수요 감소
Sociocultural Factors	▪ 미주 유럽 시장은 향수, 색조 화장품이 주류인데, 아모레 퍼시픽은 제품 포트폴리오 취약 ▪ 아시아는 K-pop, K-Drama로 인해 Made in Korea K- 뷰티 제품 선호도가 높음 ▪ 유럽은 아모레퍼시픽 brand 인지도 취약함 ▪ 홈쇼핑, 온라인 등 판매 채널의 다양화로 소비자 선택의 폭이 넓어짐
Technological Factors	▪ 자연 친화적인 소재를 사용한 화장품 기술

SWOT Implication 전략 방향 제안

- ▪ Threat
  - • 내수 시장의 경쟁 포화
  - • 전쟁, 코로나로 인한 세계 경제의 침체
- ▪ Opportunity
  - • 아시아 시장 K-뷰티 제품 선호도 높음
  - • 유럽 시장 향수 제품은 진입 장벽 낮음
- ▪ 전략 방향
  - • 내수 시장 규모의 한계를 극복하기 위한 Global 시장 진입
  - • K- 뷰티 선호도를 강조한 마케팅 전략
  - • 유럽 미주 시장 특성에 맞는 제품 다각화

미래 비전과 현실의 GAP

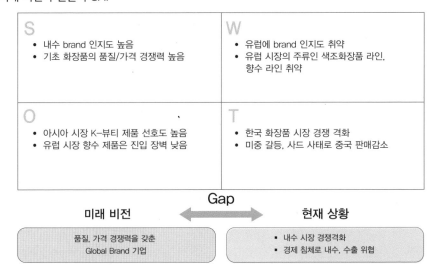

S	W
• 내수 brand 인지도 높음 • 기초 화장품의 품질/가격 경쟁력 높음	• 유럽에 brand 인지도 취약 • 유럽 시장의 주류인 색조화장품 라인, 향수 라인 취약

O	T
• 아시아 시장 K-뷰티 제품 선호도 높음 • 유럽 시장 향수 제품은 진입 장벽 낮음	• 한국 화장품 시장 경쟁 격화 • 미중 갈등, 사드 사태로 중국 판매감소

Gap

미래 비전	현재 상황
품질, 가격 경쟁력을 갖춘 Global Brand 기업	▪ 내수 시장 경쟁격화 ▪ 경제 침체로 내수, 수출 위협

6. 월마트

월마트 5 Forces 분석

신규 진입 위협　　　　　　　　대체제의 위협

- 상당한 자본금 필요함
- 식품안전 규정 준수 의무
- 다양한 제품 유지
- 규모의 경제 달성 필요
- 신규 진입 위협 낮음

- 월마트는 대부분의 제품을 구색으로 갖추고 있음
- 신제품을 경쟁력 있는 가격으로 구매할 역량 보유
- 대체제의 위협 낮음

산업 내 경쟁구도

- 다수의 중대규모 경쟁자 존재
- 가격 민감도가 높아 고객 충성도 낮음
- 높은 마케팅 비용
- 업계는 지속적으로 성장 중
- 업계 경쟁도는 중간 수준

- 다수의 공급 업체가 존재
- 월마트는 가장 큰 구매자임
- 공급업체 변경 용이함
- 공급자 전환 비용 낮음
- 공급자 협상력 낮음

- 구매자가 많고 집중도 낮음
- 가격 민감하고 전환 비용 없음
- 월마트는 가장 낮은 가격을 마케팅 전략으로 실행 성공
- 구매자의 전환 가능성 낮음

공급자의 협상력　　　　　　　　구매자의 협상력

첨부 2. 참고 문헌

- 글로벌 시대의 경영전략. 김성호, 남정우. 비즈프레스. 2014
- 국제 경영. 변승혁. 대왕사. 2022
- 국제 경영학. 이덕훈. 두남. 2022
- 국제 경영의 이론과 실제. 박종돈. 청람 2021
- 글로벌 경영. 서민교. 박병일 서울 경제 경영 2020
- 국제 경영. 김성호. 이정아. 김종영. 박서연. 정종희 창명 2022
- 글로벌 전략. 박주홍. 유원북스. 2020
- 글로벌 경영. 장세진. 박영사. 2021
- 글로벌 경영 전략. 권영철 법문사. 2021
- 조선 비즈 2023.05.13, CCIC Korea 2023 중국 화장품 업계 현황 및 발전 전망
- 2020 화장품 산업 보고서
- 365financialanalyst.com, "Porter's 5 force analysis Walmart"
- 한국경영교육학회 "삼성전자의 국제화에 대한 고찰"
- 삼성전자 "삼성전자 40년 도전과 창조의 역사"
- 장세진. 박영사. "글로벌 경영"
- DBpia, 한국예술연구 2019, 제25호. "영화산업에서 빅데이터 활용방안 연구" 김진욱
- EUrASEAN 글로벌 사회 경제적 역학 저널 6권, "넷플릭스 국제 비지니스 사례 연구"
- Irina Onyusheva, Sendbird.com Oct 21, 2017 "넷플릭스의 중국 진출, 현재 상황 과 속내는?"
- Global Auto News, 채영석, 22.3.4 "소니와 혼다 전기차 합작회사 설립"
- 조선일보, 최원석, 2021,11.11 "소니가 부활한다, 삼성전자의 미래는?"
- 한국기업의 글로벌경영사례집. 박영사. 2003

- Graham, K. (Sep 2014). Your Company's Purpose Is Not Its Vision, Mission, or Values. Harvard Business Review.
- Bonabeau, E. (2002). Predicting the Unpredictable. 80 (3), 109-116. Harvard Business Review.
- Satell, G. & Tonto, D. (Jun 2013). How to Manage Complexity. Business Insiders.
- Manlio De Domenico, M. & Sayama, H. (2019). Complexity Explained.
- Goldberg, M. (n.d.). Make better decisions: Know your biases to get the big calls right the first time. Everett Magazine.
- Roberto, M. (2002). Lessons from Everest: the interaction of cognitive bias, psychological safety, andsystem complexity. California Management ReviewVol. 45.
- Spradlin, D. (2012). Are you solving the right problem? Harvard Business
- Mauria, A. (2015, December 16). How to achieve breakthrough by embracing your constraints. Lean Stack.
- Gavetti, G., & Rivkin, J. (2005). How strategists really think: Tapping the power of analogy. Harvard Business Review.
- Clausen, L. (May 2015). Jonathan Bendor: A Toolkit for Solving Problems.
- Plattner, H. (n.d). An introduction to design thinking.
- Socialinsilico. (2015). 7 fundamentals of design - and how they apply to online spaces.
- Schwab, K. (2017). IDEO studied innovation in 100+ companies - Here's what it found. Fast.Co.Design.
- de Geus, A. (1997). The living company. Harvard Business Review.
- Bharadwaj, S., & Menon, A. (2000). Making innovation happen in organizations, Journal of product innovation management.
- The Bootcamp Bootleg. (2009, Revised 2011). *Stanford Design School.
- Spradlin, D. (2012). Are you solving the right problem? Harvard Business.
- Mauria, A. (2015, December 16). How to achieve breakthrough by embracing your constraints. Lean Stack.
- Gavetti, G., & Rivkin, J. (2005). How strategists really think: Tapping the

power of analogy. Harvard Business Review.

- Clausen, L. (May 2015). Jonathan Bendor: A Toolkit for Solving Problems.

- Plattner, H. (n.d). An introduction to design thinking.

- Socialinsilico. (2015). 7 fundamentals of design - and how they apply to online spaces.

- Schwab, K. (2017). IDEO studied innovation in 100+ companies – Here's what it found. Fast.Co.Design.

- de Geus, A. (1997). The living company. Harvard Business Review.

- Bharadwaj, S., & Menon, A. (2000). Making innovation happen in organizations, Journal of product innovation management.

- Strategy Under Uncertainty by, Hugh Courtney, Jane Kirkland & Patrick Viguerie, HRB.

- Badiru, A.B. (1996), Project Management in Manufacturing and High Technology Operations, Wiley, New York, NY.

- Clemen, R.T. (1996), Making Hard Decisions: An Introduction to Decision Analysis, Druxbury, Press, New York, NY.

- Dickinson, M.W., Thornton, A.C. and Graves, S. (2001), "Technology portfolio management"

- Pan, Y. and Tse, D.K. (2000). The Hierarchical Model of Market Entry Modes. Journal of International Business Studies

- HBR 9-910-415 Globalization at Komatsu

- HBR 9-391-003 Procter & Gamble Japan (A)

- CXL Peep Laja, 2023, Apr19 "Differentiation strategy"

- Investopedia, Carol M Kopp, 2021. July 6 "Product Differentiation"

- Indeed, 2022, Aug 8 "Differentiation strategy"

- HBR, Ian MacMillan and Rita McGrath "Discovering new points of differentiation"

- Roadmunk, "Find your differentiation strategy using an analytical framework"

- Repeatability, Build Enduring business model for a world of constant change, Chris Zook, James Allen

저자 약력

김영광

저자는 서울대 경영학과와 New York University의 MBA 과정에서 학위를 취득하였고, SK 그룹 주요 계열사에서 전략기획, 마케팅, 신규 Global 사업 본부장과 CEO를 두루 담당하면서 34년간 SK에서 근무하였다.

두 번의 주재원 파견 경험과 글로벌 사업 경험을 기반으로 2020년부터는 SK 그룹의 교육을 총괄하는 SK University(MySUNI)에서 Leadership 및 Global Business 분야 전문 교수로 활동 중이며, 현재는 서강대학교 MBA 교수를 맡고 있다. 또한 Minerva University 및 Global HR 컨설팅 회사인 DDI의 파트너 강사로도 활동 중이다.

글로벌 리더의 전략 모델 IDEA

초판발행	2023년 12월 15일
지은이	김영광
펴낸이	안종만 · 안상준
편 집	탁종민
기획/마케팅	장규식
표지디자인	권아린
제 작	고철민 · 조영환
펴낸곳	(주) **박영사**
	서울특별시 금천구 가산디지털2로 53, 210호(가산동, 한라시그마밸리)
	등록 1959.3.11. 제300-1959-1호(倫)
전 화	02)733-6771
f a x	02)736-4818
e-mail	pys@pybook.co.kr
homepage	www.pybook.co.kr
ISBN	979-11-303-1891-2 93320

정 가	19,000원